Arab Folktales

A. Tadevosyan

Арабские народные сказки

Составител А. Татевосян

Arab Folktales

ISNB: 978-1-60444-864-1

Арабские народные сказки

ISNB: 978-1-60444-864-1

АЛИ-БАБА И СОРОК РАЗБОЙНИКОВ

Когда-то , очень давно, в одном персидском городе жили два брата — Касим и Али-Баба. Когда умер их отец, они поделили деньги, которые после него остались, и Касим стал торговать на рынке дорогими тканями и шелковыми халатами. Он умел расхваливать свой товар и зазывать покупателей, и в его лавке всегда толпилось много народу. Касим все больше и больше богател и, когда накопил много денег, женился на дочери главного судьи, которую звали Фатима.

А Али-Баба не умел торговать и наживать деньги, и женат он был на бедной девушке по имени Зейнаб. Они быстро истратили почти все, что у них было, и однажды Зейнаб сказала:

— Слушай, Али-Баба, нам скоро будет нечего есть. Надо тебе что-нибудь придумать, а то мы умрем с голоду.

— Хорошо, — ответил Али-Баба, — я подумаю, что нам делать.

Он вышел в сад, сел под дерево и стал думать. Долго думал Али-Баба и наконец придумал. Он взял оставшиеся у него деньги, пошел на рынок и купил двух ослов, топор и веревку.

А на следующее утро он отправился за город, на высокую гору, поросшую густым лесом, и целый день рубил дрова. Вечером Али-Баба связал дрова в вязанки, нагрузил ими своих ослов и вернулся в город. Он продал дрова на рынке и купил хлеба, мяса и зелени.

С тех пор Али-Баба каждое утро уезжал на гору и до самого вечера рубил дрова, а потом продавал их на рынке и покупал хлеб и мясо для себя и для Зейнаб. И вот однажды он стоял под высоким деревом, собираясь его срубить, и вдруг заметил, что на дороге поднялась пыль до самого неба. А когда пыль рассеялась, Али-Баба увидал, что прямо на него мчится отряд всадников, одетых в панцири и кольчуги; к седлам были привязаны копья, а на поясах сверкали длинные острые мечи. Впереди скакал на высокой белой лошади одноглазый человек с черной бородой.

Али-Баба очень испугался. Он быстро влез на вершину дерева и спрятался в его ветвях. А всадники подъехали к тому месту, где он только что стоял, и сошли на землю. Каждый из них снял с седла тяжелый мешок и взвалил его себе на плечи; потом они стали в ряд, ожидая, что прикажет одноглазый — их атаман.

"Что это за люди и что у них в мешках? — подумал Али-Баба. — Наверное, это воры и разбойники".

Он пересчитал людей, и оказалось, что их ровно сорок человек, кроме атамана. Атаман встал впереди своих людей и повел их к высокой скале, в которой была маленькая дверь из стали; она так заросла травой и колючками, что ее почти не было видно.

Атаман остановился перед дверью и громко крикнул:

— Симсим, открой дверь!

И вдруг дверь в скале распахнулась, атаман вошел, а за ним вошли его люди, и дверь опять захлопнулась за ними.

"Вот чудо! — подумал Али-Баба. — Ведь симсим-то — это маленькое растение. Я знаю, что из него выжимают масло, но я не знал, что оно может открывать двери!"

Али-Бабе очень хотелось посмотреть поближе на волшебную дверь, но он так боялся разбойников, что не осмелился слезть с дерева.

Прошло немного времени, и вдруг дверь снова распахнулась, и сорок разбойников вышли с пустыми мешками. Как и прежде, одноглазый атаман шел впереди. Разбойники привязали к седлам пустые мешки, вскочили на коней и ускакали.

Тогда Али-Баба, который уже устал сидеть скорчившись на дереве, быстро спустился на землю и подбежал к скале.

"А что будет, если я тоже скажу: "Симсим, открой дверь?" — подумал он. — Откроется дверь или нет? Попробую!"

Он набрался храбрости, вдохнул побольше воздуху и во весь голос крикнул:

— Симсим, открой дверь!

И тотчас же дверь распахнулась перед ним, и открылся вход в большую пещеру.

Али-Баба вошел в пещеру, и, как только он переступил порог, дверь снова захлопнулась за ним. Али-Бабе стало немного страшно: а вдруг дверь больше не откроется и ему нельзя будет выйти? Но он все же пошел вперед, с удивлением осматриваясь по сторонам.

Он увидел, что находится в большой комнате и у стен стоит множество столиков, уставленных золотыми блюдами под серебряными крышками. Али-Баба почувствовал вкусный запах кушаний и вспомнил, что с утра ничего не ел. Он подошел к одному столику, снял крышки с блюд, и у него потекли слюнки, — на блюдах лежали все кушанья, каких только можно пожелать: жареные куры, рисовый пилав, блинчики с вареньем, халва, яблоки и еще много других вкусных вещей.

Али-Баба схватил курицу и мигом обглодал ее. Потом принялся за пилав, а покончив с ним, запустил руки в халву, но уже не мог съесть ни кусочка — до того он был сыт. Отдохнув немного, он осмотрелся и увидал вход в другую комнату. Али-Баба вошел туда — и зажмурил глаза. Комната вся сверкала и блестела — так много было в ней золота и драгоценностей. Золотые динары и серебряные дирхемы грудами лежали прямо на земле, словно камни на морском берегу. Драгоценная посуда — кубки, подносы, блюда, украшенные дорогими каменьями, — стояла по всем углам. Кипы шелка и тканей — китайских, индийских, сирийских, египетских — лежали посреди комнаты; по стенам висели острые мечи и длинные копья, которых хватило бы на целое войско.

У Али-Бабы разбежались глаза, и он не знал, за что ему взяться: то примерит красный шелковый халат, то схватит золотой поднос и смотрится в него, как в зеркало, то наберет в пригоршню золотых монет и пересыпает их.

Наконец он немного успокоился и сказал себе:

— Эти деньги и драгоценности, наверное, награблены, и сложили их сюда разбойники, которые только что здесь были. Эти богатства не принадлежат им, и если я возьму себе немножко золота, в этом не будет ничего дурного. Ведь его здесь столько, что нельзя сосчитать.

Али-Баба подоткнул полы халата и, встав на колени, стал подбирать золото. Он нашел в пещере два пустых мешка, наполнил их динарами, притащил к двери и крикнул:

— Симсим, открой дверь!

Дверь тотчас же распахнулась.

Али-Баба вышел из пещеры, и дверь захлопнулась за ним. Колючие кусты и ветки переплелись и скрыли ее от глаз. Ослы Али-Бабы паслись на лужайке. Али-Баба взвалил на них мешки с золотом, прикрыл их сверху дровами и поехал домой.

Когда он вернулся, уже была ночь и встревоженная Зейнаб ждала его у ворот.

— Что ты делал в лесу так долго? — спросила она. — Я думала, что тебя растерзали волки или гиены. Отчего ты привез дрова домой, а не продал их?

— Сейчас все узнаешь, Зейнаб, — сказал Али-Баба. — Помоги—ка мне внести в дом эти мешки и не шуми, чтобы нас не услышали соседи.

Зейнаб молча взвалила один из мешков себе на спину, и они с Али-Бабой вошли в дом. Зейнаб плотно прикрыла за собой дверь, зажгла светильник и развязала мешок. Увидев золото, она побледнела от страха и крикнула:

— Что ты наделал, Али-Баба? Кого ты ограбил?

— Не тревожься, Зейнаб, — сказал Али-Баба. — Я никого не ограбил и сейчас расскажу тебе, что со мною сегодня случилось.

Он рассказал ей про разбойников и пещеру и, окончив свой рассказ, сказал:

— Смотри, Зейнаб, спрячь это золото и не говори о нем никому. Люди подумают, что мы и вправду кого-нибудь ограбили, и донесут на нас султану, и тогда он отнимет у нас все золото и посадит нас в подземелье. Давай выкопаем яму и спрячем туда золото.

Они вышли в сад, выкопали при свете луны яму, сложили туда все золото, а потом опять забросали яму землей.

Покончив с этим делом, Али-Баба лег спать. Зейнаб тоже легла, но она еще долго ворочалась с боку на бок и думала:

"Сколько же золота привез Али-Баба? Как только рассветет, я пересчитаю все монетки до последней!"

На следующее утро, когда Али-Баба, как всегда, уехал на гору, Зейнаб побежала к яме, раскопала ее и принялась пересчитывать динары.

Но их было так много, что Зейнаб не могла сосчитать. Она не очень хорошо считала и все время сбивалась. Наконец это ей надоело, и она сказала себе:

— Лучше я возьму меру и перемеряю золото. Вот только меры у меня нет. Придется попросить у Фатимы.

А Касим с Фатимой жили в соседнем доме. Зейнаб сейчас же побежала к ним. Вошла в сени и сказала Фатиме:

— Сделай милость, одолжи мне ненадолго меру. Я сегодня же верну ее тебе.

— Хорошо, — ответила Фатима, — но моя мера у соседки. Сейчас я схожу за ней и дам ее тебе. Подожди здесь в сенях, у тебя ноги грязные, а я только что постлала чистые циновки.

Все это Фатима выдумала. И мерка, которой мерили крупу, висела на своем месте — в кухне, над очагом, и циновок она не меняла уже дней десять. На самом деле ей просто очень хотелось узнать, для чего Зейнаб вдруг понадобилась мерка, — ведь Фатима хорошо знала, что в доме у Али-Бабы давно уже нет никакой крупы. А спрашивать Зейнаб она не желала: пусть Зейнаб не воображает, что Фатима интересуется ее делами. И она придумала способ узнать, не спрашивая. Она вымазала дно мерки медом, а потом вынесла ее Зейнаб и сказала:

— На, возьми. Только смотри, не забудь возвратить ее в целости и не позже чем к закату солнца. Мне самой нужно мерить чечевицу.

— Спасибо тебе, Фатима, — сказала Зейнаб и побежала домой. Она выгребла из ямы все золото и начала торопливо его мерить, все время оглядываясь по сторонам.

Золота оказалось десять мер и еще полмеры.

Зейнаб вернула мерку Фатиме и ушла, поклонившись ей до земли. Фатима сейчас же схватила мерку и заглянула в нее. И вдруг она увидела: ко дну мерки прилип какой-то маленький светлый кружочек. Это был новенький золотой динар.

Фатима не верила своим глазам. Она повертела монету между

пальцами и даже попробовала ее на зуб: не фальшивая ли? Но динар был самый настоящий, из чистого золота.

— Так вот какая это крупа! — закричала Фатима. — Они такие богачи, что Зейнаб даже меряет золото мерой. Наверное, они кого—нибудь ограбили, а сами притворяются бедняками. Скорее бы Касим вернулся из лавки! Я непременно все расскажу ему. Пусть пойдет к Али-Бабе и пригрозит ему хорошенько! Али-Баба, наверное, поделится с ним.

Фатима весь день просидела у ворот, ожидая Касима. Когда стало смеркаться, Касим вернулся из лавки, и Фатима, не дав ему даже снять тюрбана, закричала:

— Слушай, Касим, какая у меня новость! Твой брат Али-Баба прикидывается бедняком, а он, оказывается, богаче нас с тобой!

— Что ты выдумала! — рассердился Касим. — Богаче меня нет никого на нашей улице, да и во всем квартале. Недаром меня выбрали старшиной рынка.

— Ты мне не веришь? — обиделась Фатима. — Ну, так скажи, как ты считаешь деньги, когда подсчитываешь по вечерам выручку?

— Обыкновенно считаю, — ответил Касим. — Складываю в кучки динары и дирхемы и пересчитываю. А как насчитаю сотню, загибаю палец, чтобы не ошибиться. Да что ты такие глупости спрашиваешь?

— Нет, не глупости! — закричала Фатима. — Ты вот считаешь динары на десятки и сотни, а Зейнаб, жена твоего брата, считает мерами. Вот что она оставила в моей мерке.

И Фатима показала ему динар, который прилип ко дну мерки.

Касим осмотрел его со всех сторон и сказал:

— Пусть меня не зовут Касимом, если я не допытаюсь, откуда у Али-Бабы взялись деньги. Хитростью или силой, но я отберу их у него!

И он сейчас же отправился к своему брату. Али-Баба только что вернулся с горы и отдыхал на каменной скамье перед домом. Он очень обрадовался Касиму и сказал:

— Добро пожаловать тебе, Касим! Ты не часто бываешь у меня. Что привело тебя ко мне сегодня, да еще в такой поздний час?

— Добрый вечер, брат мой, — важно сказал Касим. — Меня привела к тебе большая обида.

Обида? — удивился Али-Баба. — Чем же мог я, бедный дровосек, обидеть старшину рынка?

— Ты теперь богаче меня, — сказал Касим. — Ты меряешь золото мерами. Вот что моя жена нашла на дне мерки, которую она одолжила твоей жене Зейнаб. Не обманывай меня: я все знаю! Почему ты скрыл от меня, что разбогател? Наверное, ты кого—нибудь ограбил?

Али-Баба понял, что Касим проведал его тайну, и решил во всем признаться.

— О брат мой, — сказал он, — я вовсе не хотел тебя обманывать. Я только потому ничего тебе не рассказал, что боялся воров и разбойников, которые могут тебя убить.

И он рассказал Касиму про пещеру и про разбойников. Потом протянул брату руку и сказал:

— О брат мой, мы с тобой оба — сыновья одного отца и одной матери. Давай же делить пополам все, что я привезу из пещеры. Я знаю, как туда войти и как уберечься от разбойников. Возьми себе половину денег и сокровищ — этого хватит тебе на всю жизнь.

— Не хочу половину, хочу все деньги! — закричал Касим и оттолкнул руку Али-Бабы. — Говори скорее, как войти в пещеру, а если не скажешь, я донесу на тебя султану, и он велит отрубить тебе голову.

— Зачем ты грозишь мне султаном? — сказал Али-Баба. — Поезжай, если хочешь, в пещеру, но только тебе все равно не увезти всех денег и сокровищ. Даже если бы ты целый год возил из пещеры золото и серебро, не отдыхая ни днем, ни ночью, — и тогда ты не увез бы и половины того, что там есть!

Он рассказал Касиму, как найти пещеру, и велел ему хорошо запомнить слова: "Симсим, открой дверь!"

— Не забуду, — сказал Касим. — Симсим... симсим... Это, кажется, растение, вроде конопли. Буду помнить.

На следующее утро Касим оседлал десять мулов, положил на каждого мула по два больших сундука и отправился в лес. Он пустил своих мулов пастись на опушке леса, отыскал дверь в скале и, встав перед нею, закричал изо всех сил:

— Эй, Симсим, открой дверь!

Дверь распахнулась. Касим вошел, и дверь снова захлопнулась за ним. Касим увидел пещеру, полную сокровищ, и совсем потерял голову от радости. Он заплясал на месте, потом бросился вперед и стал хватать все, что попадалось под руку, — охапки дорогих тканей, куски золота, кувшины и блюда, потом бросал их и срывал со стен золотые мечи и щиты, хватал пригоршнями деньги и совал их за пазуху. Так он метался по пещере целый час, но никак не мог забрать всего, что там было. Наконец он подумал:

"У меня времени много. Буду выносить отсюда мешок за мешком, пока не нагружу всех мулов, а потом приеду еще раз. Я буду ездить сюда каждый день, пока не заберу все, до последней монетки!"

Он схватил мешок с деньгами и поволок его к двери. Дверь была заперта. Касим хотел произнести волшебные слова, которые открывали дверь, но вдруг оказалось, что он позабыл их. Он помнил только, что надо сказать название какогото растения. И он крикнул:

— Горох, открой дверь!

Но дверь не открылась. Касим немного испугался. Он подумал и крикнул опять:

— Пшеница, открой дверь!

Дверь и не шевельнулась. Касим от страха уже ничего не мог вспомнить и кричал названия всех растений, какие знал:

— Овес, открой дверь!

— Конопля, открой дверь!

— Ячмень, открой дверь!

Но дверь не открывалась. Касим понял, что ему никогда больше не выбраться из пещеры. Он сел на мешок с золотом и заплакал.

В это время разбойники ограбили богатых купцов, отобрали у них много золота и дорогих товаров. Они решили все это спрятать в пещере. Подъезжая к лесу, атаман заметил на опушке мулов, которые мирно щипали траву.

— Что это за мулы? — сказал атаман. — К их седлам привязаны сундуки. Наверно, кто-нибудь разузнал про нашу пещеру и хочет нас ограбить!

Он приказал разбойникам не шуметь и, подойдя к двери, тихо произнес:

— Симсим, открой дверь!

Дверь отворилась, и разбойники увидели Касима, который старался спрятаться за мешком с деньгами. Атаман бросился вперед, взмахнул мечом и отрубил Касиму голову.

Разбойники оставили тело Касима в пещере, а сами переловили мулов и, погнав их перед собой, ускакали.

А Фатима весь день просидела у окна — все ждала, когда покажутся мулы с сундуками, полными золота. Но время проходило, а Касима все не было. Фатима прождала день, прождала ночь, а утром с плачем прибежала к Али-Бабе.

Али-Баба сказал:

— Не тревожься, Фатима. Я сейчас сам поеду на гору и узнаю, что случилось с Касимом.

Он тотчас же сел на осла и поехал в лес, прямо к пещере. И как только вошел в пещеру, увидел, что его брат лежит мертвый на мешках с деньгами.

Али-Баба вынес тело Касима из пещеры, положил его в мешок и печальный поехал домой, думая про себя:

"Вот до чего довела Касима жадность! Если бы он согласился разделить со мной деньги и не захотел забрать себе их все, он и сейчас был бы жив".

Али-Баба устроил Касиму пышные похороны, но никому не сказал, как погиб его брат. Фатима говорила всем, кто провожал Касима на кладбище, что ее мужа растерзали в лесу дикие звери.

Когда Касима похоронили, Али-Баба сказал Фатиме:

— Знаешь что, Фатима, продай мне твой дом, и будем жить вместе. Тогда и мне не придется строить нового дома, и тебе не так страшно будет жить одной. Хорошо?

— О Али-Баба, — сказала Фатима, — мой дом — твой дом, и все, что у меня есть, принадлежит тебе. Позволь только мне жить с вами — больше мне ничего не нужно.

— Ну, вот и хорошо, — сказал Али-Баба, и они с Зейнаб и Фатимой зажили вместе.

Али-Баба еще несколько раз ездил в пещеру и вывез оттуда много золота, драгоценных одежд, ковров и посуды. Каждый день у него на кухне готовилась пища не только для него самого, Зейнаб и Фатимы, но и для всех его бедных соседей, которым нечего было есть. А когда соседи благодарили его, он говорил:

— Приходите и завтра и приводите с собой всех бедняков. А благодарить не за что. Я угощаю вас на деньги моего брата Касима, которого съели на горе волки. Он был богатым человеком.

Скоро все бедняки и нищие стали приходить к дому Али-Бабы к обеду и ужину, и жители города очень его полюбили.

Вот что было с Али-Бабой, Зейнаб и Фатимой.

Что же касается разбойников, то они через несколько дней опять приехали к пещере и увидели, что тело их врага исчезло, а мешки с деньгами разбросаны по земле.

— В нашу пещеру опять кто-то заходил! — вскричал атаман. — Недавно я убил одного врага, но, оказывается, их несколько! Пусть не буду я Хасан Одноглазый, если я не убью всякого, кто хочет поживиться нашей добычей. Храбрые разбойники! Найдется ли среди вас смельчак, который не побоится отправиться в город и разыскать нашего обидчика? Пусть не берется за это дело трус или слабый! Только хитрый и ловкий может исполнить его.

— О атаман, — сказал один из разбойников, — никто, кроме меня, не пойдет в город и не выследит нашего врага. Недаром зовут меня Ахмед Сорви-голова. А если я не найду его, делай со мной что хочешь.

— Хорошо, Ахмед, — сказал атаман. — Даю тебе один день сроку. Если ты найдешь нашего врага, я назначу тебя своим помощником, а если не найдешь — лучше не возвращайся. Я отрублю тебе голову.

— Будь спокоен, атаман, не пройдет дня, как ты узнаешь, где найти своего врага, — сказал Ахмед. — Ждите меня сегодня к вечеру здесь в лесу.

Он сбросил с себя разбойничье платье, надел синий шелковый халат, красные сафьяновые сапоги и тюбетейку и пошел в город.

Было раннее утро. Рынок был еще пуст, и все лавки были закрыты; только старый башмачник сидел под своим навесом и, разложив инструменты, ждал заказчиков.

Ахмед Сорви-голова подошел к нему и, поклонившись, сказал:

— Доброе утро, дядюшка. Как ты рано вышел на работу! Если бы я не увидел тебя, мне пришлось бы еще долго ждать, пока откроется рынок.

— А что тебе нужно? — спросил старый башмачник, которого звали Мустафа.

— Я чужой в вашем городе, — ответил Ахмед. — Только сегодня ночью я пришел сюда и ждал до рассвета, пока не открыли городские ворота. В этом городе жил мой брат, богатый купец. Я пришел к нему из далеких стран, чтобы повидать его, и, подходя к городу, услыхал, что его нашли в лесу мертвым. Теперь я не знаю, как отыскать его родных, чтобы поплакать о нем вместе с ними.

— Ты говоришь, твой брат был богатый купец? — спросил башмачник.

— В нашем городе недавно хоронили одного купца, и я был на похоронах. Жена купца говорила, что его растерзали волки, но я слышал от одного человека, что это неправда, а что этого купца на самом деле нашли в лесу убитым, без головы, и тайком привезли домой в мешке.

Ахмед Сорви-голова очень обрадовался. Он понял, что этот богатый купец и есть тот человек, которого убил атаман.

— Ты можешь меня провести к его дому? — спросил Ахмед башмачника.

— Могу, — ответил башмачник. — Но только как же мне быть с работой? Вдруг кто-нибудь придет на рынок и захочет заказать мне туфли, а меня не будет на месте?

— Вот тебе динар, — сказал Ахмед. — Возьми его за убытки, а когда ты покажешь мне дом моего брата, я дам тебе еще динар.

— Спасибо тебе за твою щедрость! — воскликнул обрадованный Мустафа. — Чтобы заработать этот динар, мне нужно целый месяц ставить на туфлях заплатки. Пойдем!

И башмачник привел Ахмеда к дому, где жил Касим.

— Вот дом, где жил убитый купец. Здесь поселился теперь его брат, — сказал Мустафа.

"Его-то мне и надо!" — подумал Ахмед. Он дал Мустафе динар, и Мустафа ушел, кланяясь и благодаря. Все дома в этом городе были обнесены высокими стенами, так что на улицу выходили только ворота. Запомнить незнакомый дом было нелегко.

— Надо отметить этот дом, — говорил Ахмед сам себе, — чтобы потом узнать его.

Он вытащил из кармана кусок мела и поставил на воротах дома крестик. А потом пошел обратно и радостно говорил себе:

— Теперь я запомню этот дом и приведу к нему завтра моих товарищей. Быть мне помощником атамана!

Только Ахмед успел уйти, как из дома вышла служанка Али-Бабы по имени Марджана, девушка умная и храбрая. Она собралась идти на рынок за хлебом и мясом к обеду. Закрывая калитку, она обернулась и вдруг увидела на воротах крестик, нарисованный мелом.

"Кто это вздумал пачкать наши ворота? — подумала она. — Наверное, уличные мальчишки. Нет, крест слишком высоко! Его нарисовал взрослый человек, и этот человек задумал против нас злое дело. Он хочет запомнить наш дом, чтобы нас убить или ограбить. Надо мне сбить его с толку".

Марджана вернулась домой, вынесла кусок мела и поставила кресты на всех соседних домах. А потом ушла по своим делам.

А разбойник прибежал в пещеру и крикнул:

— Слушай, атаман! Слушайте все! Я нашел дом нашего врага и отметил его крестом. Завтра я вам покажу его.

— Молодец, Ахмед Сорви-голова! — сказал атаман. — Завтра к утру будьте все готовы. Мы спрячем под халаты острые ножи и пойдем с Ахмедом к дому нашего врага.

— Слушаем и повинуемся тебе, атаман, — сказали разбойники, и все стали поздравлять Ахмеда с удачей.

А Ахмед Сорви-голова ходил гордый и говорил:

— Вот увидите, я буду помощником атамана.

Он всю ночь не спал, дожидаясь утра, и, как только рассвело, вскочил и разбудил разбойников. Они надели широкие бухарские халаты, белые чалмы и туфли с загнутыми носками, спрятали под халаты ножи и пошли в город. И все, кто их видел, говорили:

— Это бухарцы. Они пришли в наш город и осматривают его.

Впереди всех шел Ахмед с атаманом. Долго водил Ахмед своих товарищей по городу и наконец отыскал нужную улицу.

— Смотрите, — сказал он, — вот этот дом. Видите, на воротах крест.

— А вот еще крест, — сказал другой разбойник. — В каком же доме живет наш враг?

— Да вон и на том доме крест! И на этом! И здесь крест! Да тут на всех домах кресты! — закричали вдруг остальные разбойники.

Атаман рассердился и сказал:

— Что это значит? Кто-то перехитрил тебя, Ахмед! Ты не выполнил поручения, и не придется тебе больше с нами разбойничать. Я сам отрублю тебе голову!

И когда они вернулись в лес, жестокий атаман отрубил голову Ахмеду. А потом сказал:

— Кто еще возьмется отыскать дом нашего врага? У кого хватит храбрости? Пусть не пробует это сделать ленивый или слабый!

— Позволь мне попытаться, о атаман, — сказал один из разбойников, Мухаммед Плешивый. — Я — человек старый, и меня так легко не проведешь. А если я не исполню поручения, казни меня так же, как ты казнил Ахмеда.

— Иди, Мухаммед, — сказал атаман. — Буду тебя ждать до завтрашнего вечера. Но смотри: если ты не найдешь и не покажешь мне дом нашего врага, тебе не будет пощады.

На следующее утро Мухаммед Плешивый отправился в город. Ахмед рассказывал разбойникам про Мустафу, и Мухаммед прямо пошел на рынок к старому башмачнику. Он повел с ним такой же разговор, как и Ахмед, и пообещал ему два динара, если Мустафа покажет ему дом убитого купца. И Мустафа, обрадованный, довел его до самых ворот.

"Придется и мне как-нибудь отметить дом", — подумал Мухаммед. Он взял кусок кирпича, валявшийся на дороге, и нарисовал на воротах маленький крестик в правом верхнем углу.

"Здесь его никто не увидит, кроме меня, — подумал он. — Побегу скорей за атаманом и приведу его сюда".

И он быстро пошел обратно к своим товарищам. А Марджана как раз возвращалась с рынка. Увидев, что от ворот их дома крадучись отошел какой-то человек и побежал по дороге, она сообразила, что тут что-то неладно.

Марджана подошла к воротам, внимательно осмотрела их и увидела в правом верхнем углу маленький красный крестик.

"Так вот, значит, кто ставит кресты на наших воротах, — подумала Марджана. — Подожди же, я тебя перехитрю".

Она подняла с земли кусок кирпича и поставила такие же кресты на воротах всех домов их улицы.

— Ну-ка, попробуй теперь найти наш дом! — воскликнула она. — Тебе это так же не удастся, как вчера!

А Мухаммед Плешивый всю дорогу бежал, не останавливаясь, и наконец вошел в пещеру, еле переводя дух.

— Идемте скорее! — крикнул он. — Я так отметил этот дом, что уж теперь нашему врагу не уйти. Собирайтесь же скорее, не мешкайте!

Разбойники завернулись в плащи и пошли вслед за Мухаммедом. Они очень торопились, чтобы дойти до города засветло, и пришли туда перед самым закатом солнца. Найдя знакомую улицу, Мухаммед Плешивый подвел атамана к самым большим и красивым воротам и указал ему пальцем на маленький красный крестик в правом верхнем углу ворот.

— Видишь, — сказал он, — вот моя отметка.

11

— А это чья? — спросил один из разбойников, который остановился у соседних ворот. — Тут тоже нарисован крестик.

— Какой крестик? — закричал Мухаммед.

— Красный, — ответил разбойник. — И на тех воротах точно такой же. И напротив — тоже. Пока ты показывал атаману свой крестик, я осмотрел все соседние ворота.

— Что же, Мухаммед, — сказал атаман, — и тебя, значит, перехитрили? Хоть ты и хороший разбойник, а поручения не выполнил. Пощады тебе не будет!

И Мухаммед погиб так же, как и Ахмед. И стало в шайке атамана не сорок, а тридцать восемь разбойников.

"Надо мне самому взяться за это трудное дело, — подумал атаман. — Мои люди хорошо сражаются, воруют и грабят, но они не годятся для хитростей и обмана".

И вот на следующее утро Хасан Одноглазый, атаман разбойников, пошел в город сам. Торговля на рынке была в полном разгаре. Он нашел Мустафу—башмачника и, присев рядом с ним, сказал:

— О дядюшка, почему это ты такой печальный? Работы, что ли, мало?

— Работы у меня уже давно нет, — ответил башмачник. — Я бы, наверное, умер с голоду, если бы судьба не послала мне помощь. Позавчера рано утром пришел ко мне один щедрый человек и рассказал, что он ищет родных своего брата. А я знал, где дом его брата, и показал ему дорогу, и чужеземец подарил мне целых два динара. Вчера ко мне пришел другой чужеземец и опять спросил меня, не знаю ли я его брата, который недавно умер, и я привел его к тому же самому дому и опять получил два динара. А сегодня — вот уже полдень, но никто ко мне не пришел. Видно, у покойника нет больше братьев.

Услышав слова Мустафы, атаман горько заплакал и сказал:

— Какое счастье, что я встретил тебя! Я третий брат этого убитого. Я пришел с Дальнего Запада и только вчера узнал, что моего дорогого брата убили. Нас было четверо братьев, и мы все жили в разных странах, и вот теперь мы сошлись в вашем городе, но только для того, чтобы найти нашего брата мертвым. Отведи же меня к его дому, и я дам тебе столько же, сколько дали мои братья.

— Хорошо, — радостно сказал старик. — А больше у него нет братьев?

— Нет, — ответил атаман, тяжело вздыхая. — Нас было четверо, а теперь стало только трое.

— Жалко, что вас так мало, — сказал старый Мустафа и тоже вздохнул. — Идем.

Он привел атамана к дому Касима, получил свою плату и ушел. А атаман сосчитал и хорошо запомнил, сколько ворот от угла улицы до ворот дома, так что ему не нужно было отмечать ворота. Потом он вернулся к своим товарищам и сказал:

— О разбойники, я придумал одну хитрость. Если она удастся, мы убьем нашего врага и отберем все богатства, которые он увез из пещеры. Слушайте же меня и исполняйте все, что я прикажу.

И он велел одному из разбойников пойти в город и купить двадцать сильных мулов и сорок кувшинов для масла.

А когда разбойник привел мулов, нагруженных кувшинами, атаман приказал разбойникам влезть в кувшины. Он сам прикрыл кувшины пальмовыми листьями и обвязал травой, а сверху проткнул дырочки для воздуха, чтобы люди не задохнулись. А в оставшиеся два кувшина налил оливкового масла и вымазал им остальные кувшины, чтобы люди думали, что во всех кувшинах налито масло.

Сам атаман надел платье богатого купца и погнал мулов в город. Наступал вечер, уже темнело. Атаман направился прямо к дому Касима и

увидел, что у ворот сидит человек, веселый и приветливый. Это был Али-Баба. Атаман подошел к нему и низко поклонился, коснувшись рукой земли.

— Добрый вечер, почтенный купец, — сказал он. — Я чужеземец, из далекой страны. Я привез запас дорогого масла и надеялся продать его в вашем городе. Но мои мулы устали от долгого пути и шли медленно. Когда я вошел в город, уже наступил вечер и все лавки закрылись. Я обошел весь город, чтобы найти ночлег, но никто не хотел пустить к себе чужеземца. И вот я прошел мимо тебя и увидел, что ты человек приветливый и радушный. Не позволишь ли ты мне провести у тебя одну ночь? Я сложу свои кувшины на дворе, а завтра рано утром увезу их на рынок и продам. А потом я уеду обратно в мою страну и буду всем рассказывать о твоей доброте.

— Входи, чужеземец, — сказал Али-Баба. — У меня места много. Расседлай мулов и задай им корму, а потом мы будем ужинать. Эй, Марджана, посади собак на цепь, чтобы они не искусали нашего гостя!

— Благодарю тебя, о почтенный купец! — сказал атаман разбойников. — Пусть исполнятся твои желания, как ты исполнил мою просьбу.

Он ввел своих мулов во двор и разгрузил их у стены дома, осторожно снимая кувшины, чтобы не ушибить разбойников. А потом нагнулся к кувшинам и прошептал:

— Сидите тихо и не двигайтесь. Ночью я выйду к вам и сам поведу вас в дом.

И разбойники шепотом ответили из кувшинов:

— Слушаем и повинуемся, атаман!

Атаман вошел в дом и поднялся в комнату, где уже был приготовлен столик для ужина. Али-Баба ждал его, сидя на низенькой скамейке, покрытой ковром. Увидя гостя, он крикнул Марджане:

— Эй, Марджана, прикажи зажарить курицу и приготовить побольше блинчиков с медом. Я хочу, чтобы мой гость был доволен нашим угощением.

— Слушаю и повинуюсь, — сказала Марджана. — Я приготовлю все это сама, своими руками.

Она побежала в кухню, живо замесила тесто и только что собралась жарить, как вдруг увидела, что масло все вышло и жарить не на чем.

— Вот беда! — закричала Марджана. — Как же теперь быть? Уже ночь, масла нигде не купить. И у соседей не достанешь, все давно спят. Вот беда!

Вдруг она хлопнула себя по лбу и сказала:

— Глупая я! Горюю, что нет масла, а здесь, под окном, стоят сорок кувшинов, с маслом. Я возьму немного у нашего гостя, а завтра чуть свет куплю масла на рынке и долью кувшин.

Она зажгла светильник и вышла во двор. Ночь была темная, пасмурная. Все было тихо, только мулы у колодцев фыркали и звенели уздечками.

Марджана высоко подняла светильник над головой и подошла к кувшинам.

И как раз случилось так, что ближайший кувшин был с маслом. Марджана открыла его и стала переливать масло в свой кувшин.

А разбойникам уже очень надоело сидеть в кувшинах скрючившись. У них так болели кости, что они не могли больше терпеть. Услышав шаги Марджаны, они подумали, что это атаман пришел за ними, и один из них сказал:

— Наконец-то ты пришел, атаман! Скорей позволь нам выйти из этих проклятых кувшинов и дай расправиться с хозяином этого дома, нашим врагом.

Марджана, услышав голос из кувшина, чуть не упала от страха и выронила светильник. Но она была умная и храбрая девушка и сразу поняла, что торговец маслом — злодей и разбойник, а в кувшинах сидят его люди и что Али-Бабе грозит страшная смерть.

Она подошла к тому кувшину, из которого послышался голос, и сказала:

— Скоро придет пора. Молчи, а то тебя услышат собаки. Их на ночь спустили с цепи.

Потом она подошла к другому кувшину и спросила:

— Кто тут?

— Я, Хасан, — ответил голос из кувшина.

— Будь готов, Хасан, скоро я освобожу тебя.

Так она обошла все кувшины и узнала, что в тридцати восьми кувшинах сидят разбойники и только в два кувшина налито масло.

Марджана схватила кувшин с маслом, побежала на кухню и нагрела масло на огне так, что оно закипело.

Тогда она выплеснула кипящее масло в кувшин, где сидел разбойник. Тот не успел и крикнуть — сразу умер. Покончив с одним врагом, Марджана принялась за других. Она кипятила масло на огне и обливала им разбойников, пока не убила всех. А затем она взяла сковородку и нажарила много румяных блинчиков, красиво уложила их на серебряное блюдо, облила маслом и понесла наверх в комнату, где сидели Али-Баба и его гость. Али-Баба не переставал угощать атамана разбойников, и скоро тот так наелся, что еле мог двигаться. Он лежал на подушках, сложив руки на животе, и тяжело дышал.

Али-Баба увидел, что гость сыт, и захотел повеселить его. Он крикнул Марджане:

— Эй, Марджана, спляши для нашего гостя лучшую из твоих плясок.

— Слушаю и повинуюсь, господин, — ответила Марджана с поклоном. — Позволь мне только пойти и взять покрывало, потому что я буду плясать с покрывалом.

— Иди и возвращайся, — сказал Али-Баба.

Марджана убежала к себе в комнату, завернулась в вышитое покрывало и спрятала под ним острый кинжал.

А потом она возвратилась и стала плясать.

Али-Баба и атаман разбойников смотрели на нее и качали головами от удовольствия.

И вот Марджана посреди танца стала все ближе и ближе подходить к атаману. И вдруг она, как кошка, прыгнула на него и, взмахнув кинжалом, вонзила его в сердце разбойника. Разбойник громко вскрикнул и умер.

Али-Баба остолбенел от ужаса. Он подумал, что Марджана сошла с ума.

— Горе мне! — закричал он. — Что ты наделала, безумная? В моем доме убит чужеземец! Стыд и позор на мою голову!

Марджана опустилась на колени и сказала:

— Выслушай меня, господин, а потом делай со мной, что захочешь. Если я виновата — убей меня, как я убила его.

И она рассказала Али-Бабе, как она узнала о разбойниках и как погубила их всех. Али-Баба сразу понял, что это те самые разбойники, которые приезжали к пещере и которые убили Касима.

Он поднял Марджану с колен и громко закричал:

— Вставай, Зейнаб, и разбуди Фатиму! Нам грозила страшная смерть, а эта смелая и умная девушка спасла всех нас!

15

Зейнаб и Фатима сейчас же прибежали и крепко обняли Марджану, а Али-Баба сказал:

— Ты не будешь больше служанкой, Марджана. С этого дня ты будешь жить вместе с нами, как наша родная сестра.

И с этих пор они жили спокойно и счастливо.

АЛЛАДИН И ВОЛШЕБНАЯ ЛАМПА

В одном персидском городе жил Когда-то бедный портной.

У него были жена и сын, которого звали Аладдин. Когда Аладдину исполнилось десять лет, отец захотел обучить его ремеслу. Но денег, чтобы платить за ученье, у него не было, и он стал сам учить Аладдина шить платья.

Этот Аладдин был большой бездельник. Он не хотел ничему учиться, и, как только его отец уходил к заказчику, Аладдин убегал на улицу играть с мальчишками, такими же шалунами, как он сам. С утра до вечера они бегали по городу и стреляли воробьев из самострелов или забирались в чужие сады и виноградники и набивали себе животы виноградом и персиками.

Но больше всего они любили дразнить какого-нибудь дурачка или калеку — прыгали вокруг него и кричали: "Бесноватый, бесноватый!" И кидали в него камнями и гнилыми яблоками.

Отец Аладдина так огорчался шалостями сына, что с горя заболел и умер. Тогда его жена продала все, что после него осталось, и начала прясть хлопок и продавать пряжу, чтобы прокормить себя и своего бездельника сына.

А он и не думал о том, чтобы как-нибудь помочь матери, и приходил домой только есть и спать.

Так прошло много времени. Аладдину исполнилось пятнадцать лет. И вот однажды, когда он, по обыкновению, играл с мальчиками, к ним подошел дервиш — странствующий монах. Он посмотрел на Аладдина и сказал про себя:

— Вот тот, кого я ищу. Много испытал я несчастий, прежде чем нашел его.

А этот дервиш был магрибинец, житель Магриба. Он знаком подозвал одного из мальчиков и узнал у него, кто такой Аладдин и кто его отец, а потом подошел к Аладдину и спросил его:

— Не ты ли сын Хасана, портного?

— Я, — ответил Аладдин, — но мой отец давно умер.

Услышав это, магрибинец обнял Аладдина и стал громко плакать и бить себя в грудь, крича:

— Знай, о дитя мое, что твой отец — мой брат. Я пришел в этот город после долгой отлучки и радовался, что увижу моего брата Хасана, и вот он умер. Я сразу узнал тебя, потому что ты очень похож на своего отца.

Потом магрибинец дал Аладдину два динара и сказал:

— О дитя мое, кроме тебя, не осталось мне ни в ком утешения. Отдай эти деньги твоей матери и скажи ей, что твой дядя вернулся и завтра придет к вам ужинать. Пусть она приготовит хороший ужин.

Аладдин побежал к матери и сказал ей все, что велел магрибинец, но мать рассердилась:

— Ты только и умеешь, что смеяться надо мной. У твоего отца не было брата, откуда же у тебя вдруг взялся дядя?

— Как это ты говоришь, что у меня нет дяди! — закричал Аладдин. — Этот человек — мой дядя. Он обнял меня и заплакал и дал мне эти динары. Он завтра придет к нам ужинать.

На другой день мать Аладдина заняла у соседей посуду и, купив на рынке мяса, зелени и плодов, приготовила хороший ужин.

Аладдин на этот раз весь день просидел дома, ожидая дядю.

Вечером в ворота постучали. Аладдин бросился открывать. Это был магрибинец и с ним слуга, который нес диковинные магрибинские плоды и сласти. Слуга поставил свою ношу на землю и ушел, а магрибинец вошел в дом, поздоровался с матерью Аладдина и сказал:

— Прошу вас, покажите мне место, где сидел за ужином мой брат.

Ему показали, и магрибинец принялся так громко стонать и плакать, что мать Аладдина поверила, что этот человек действительно брат ее мужа. Она стала утешать магрибинца, и тот скоро успокоился и сказал:

— О жена моего брата, не удивляйся, что ты меня никогда не видела. Я покинул этот город сорок лет назад, Я был в Индии, в арабских землях, в землях Дальнего Запада и в Египте и провел в путешествиях тридцать лет. Когда же я захотел вернуться на родину, я сказал самому себе: "О человек, у тебя есть брат, и он, может быть, нуждается, а ты до сих пор ничем не помог ему. Разыщи же своего брата и посмотри, как он живет". Я отправился в путь и ехал много дней и ночей, и наконец я нашел вас. И вот я вижу, что брат мой умер, но после него остался сын, который будет работать вместо него и прокормит себя и свою мать.

— Как бы не так! — воскликнула мать Аладдина. — Я никогда не видала такого бездельника, как этот скверный мальчишка. Целый день он бегает по городу, стреляет ворон да таскает у соседей виноград и яблоки. Хоть бы ты его заставил помогать матери.

— Не горюй, о жена моего брата, — ответил магрибинец. — Завтра мы с Аладдином пойдем на рынок, и я куплю ему красивую одежду. Пусть он посмотрит, как люди продают и покупают, — может быть, ему самому захочется торговать, и тогда я отдам его в ученье к купцу. А когда он научится, я открою для него лавку, и он сам станет купцом и разбогатеет. Хорошо, Аладдин?

Аладдин сидел весь красный от радости и не мог выговорить ни единого слова, только кивал головой: "Да, да!" Когда же магрибинец ушел, Аладдин сразу лег спать, чтобы скорее пришло утро, но не мог заснуть и всю ночь ворочался с боку на бок. Едва рассвело, он вскочил с постели и выбежал за ворота — встречать дядю. Тот не заставил себя долго ждать.

Прежде всего они с Аладдином отправились в баню. Там Аладдина вымыли и размяли ему суставы так, что каждый сустав громко щелкнул, потом ему обрили голову, надушили его и напоили розовой водой с сахаром. После этого магрибинец повел Аладдина в лавку, и Аладдин выбрал себе все самое дорогое и красивое — желтый шелковый халат с зелеными полосами, красную шапочку, шитую золотом, и высокие сафьяновые сапоги, подбитые серебряными подковами. Правда, ногам было в них тесно — Аладдин первый раз в жизни надел сапоги, но он ни за что не согласился бы разуться.

Голова его под шапкой была вся мокрая, и пот катился по лицу Аладдина, но зато все видели, каким красивым шелковым платком Аладдин вытирает себе лоб.

Они с магрибинцем обошли весь рынок и направились в большую рощу, начинавшуюся сейчас же за городом. Солнце стояло уже высоко, а Аладдин с утра ничего не ел. Он сильно проголодался и порядком устал, потому что долго шел в узких сапогах, но ему было стыдно признаться в этом, и он ждал, когда его дядя сам захочет есть и пить. А магрибинец все шел и шел. Они уже давно вышли из города, и Аладдина томила жажда.

Наконец он не выдержал и спросил:

— Дядя, а когда мы будем обедать? Здесь нет ни одной лавки или харчевни, а ты ничего не взял с собой из города. У тебя в руках только пустой мешок.

— Видишь вон там, впереди, высокую гору? — сказал магрибинец. — Мы идем к этой горе, и я хотел отдохнуть и закусить у ее подножия. Но если ты очень голоден, можно пообедать и здесь.

— Откуда же ты возьмешь обед? — удивился Аладдин.

— Увидишь, — сказал магрибинец.

Они уселись под высоким кипарисом, и магрибинец спросил Аладдина:

— Чего бы тебе хотелось сейчас поесть?

Мать Аладдина каждый день готовила к обеду одно и то же блюдо — вареные бобы с конопляным маслом. Аладдину так хотелось есть, что он, не задумываясь, ответил:

— Дай мне хоть вареных бобов с маслом.

— А не хочешь ли ты жареных цыплят? — спросил магрибинец.

— Хочу, — нетерпеливо сказал Аладдин.

— Не хочется ли тебе рису с медом? — продолжал магрибинец.

— Хочется, — закричал Аладдин, — всего хочется! Но откуда ты возьмешь все это, дядя?

— Из мешка, — сказал магрибинец и развязал мешок.

Аладдин с любопытством заглянул в мешок, но там ничего не было.

— Где же цыплята? — спросил Аладдин.

— Вот, — сказал магрибинец и, засунув руку в мешок, вынул оттуда блюдо с жареными цыплятами. — А вот и рис с медом, и вареные бобы, а вот и виноград, и гранаты, и яблоки.

Говоря это, магрибинец вынимал из мешка одно кушанье за другим, а Аладдин, широко раскрыв глаза, смотрел на волшебный мешок.

— Ешь, — сказал магрибинец Аладдину. — В этом мешке есть все кушанья, какие только можно пожелать. Стоит опустить в него руку и сказать: "Я хочу баранины, или халвы, или фиников" — и все это окажется в мешке.

— Вот чудо, — сказал Аладдин, запихивая в рот огромный кусок хлеба. — Хорошо бы моей матери иметь такой мешок.

— Если будешь меня слушаться, — сказал магрибинец, — я подарю тебе много хороших вещей. А теперь выпьем гранатового соку с сахаром и пойдем дальше.

— Куда? — спросил Аладдин. — Я устал, и уже поздно. Пойдем домой.

— Нет, племянник, — сказал магрибинец, — нам непременно нужно дойти сегодня до той горы. Слушайся меня — ведь я твой дядя, брат твоего отца. А когда мы вернемся домой, я подарю тебе этот волшебный мешок.

Аладдину очень не хотелось идти — он плотно пообедал, и глаза у него слипались. Но, услышав про мешок, он раздвинул себе веки пальцами, тяжело вздохнул и сказал:

— Хорошо, идем.

Магрибинец взял Аладдина за руку и повел к горе, которая еле виднелась вдали, так как солнце уже закатилось и было почти темно. Они шли очень долго и наконец пришли к подножию горы, в густой лес. Аладдин еле держался на ногах от усталости. Ему было страшно в этом глухом, незнакомом месте и хотелось домой. Он чуть не плакал.

— О Аладдин, — сказал магрибинец, — набери на дороге тонких и сухих сучьев — мне надо развести костер. Когда огонь разгорится, я покажу тебе что-то такое, чего никто никогда не видел.

Аладдину так захотелось увидеть то, чего никто не видел, что он забыл про усталость и пошел собирать хворост. Он принес охапку сухих ветвей, и магрибинец развел большой костер. Когда огонь разгорелся, магрибинец вынул из-за пазухи деревянную коробочку и две дощечки, исписанные буквами, мелкими, как следы муравьев.

— О Аладдин, — сказал он, — я хочу сделать из тебя мужчину и помочь тебе и твоей матери. Не прекословь же мне и исполняй все, что я тебе скажу. А теперь — смотри.

Он раскрыл коробочку и высыпал из нее в костер желтоватый порошок. И сейчас же из костра поднялись к небу огромные столбы пламени — желтые, красные и зеленые.

— Слушай, Аладдин, слушай внимательно, — сказал магрибинец. — Сейчас я начну читать над огнем заклинания, а когда я кончу — земля перед тобой расступится, и ты увидишь большой камень с медным кольцом. Возьмись за кольцо и отвали камень. Ты увидишь лестницу, которая ведет вниз, под землю. Спустись по ней, и ты увидишь дверь. Открой ее и иди вперед. И что бы тебе ни угрожало — не бойся. Тебе будут грозить разные звери и чудовища, но ты смело иди прямо на них. Как только они коснутся тебя, они упадут мертвые. Так ты пройдешь три комнаты. А в четвертой ты увидишь старую женщину, она ласково заговорит с тобой и захочет тебя обнять. Не позволяй ей дотронуться до тебя — иначе ты превратишься в черный камень. За четвертой комнатой ты увидишь большой сад. Пройди его и открой дверь на другом конце сада. За этой дверью будет большая комната, полная золота, драгоценных камней, оружия и одежды. Возьми для себя, что хочешь, а мне принеси только старую медную лампу, которая висит на стене, в правом углу. Ты узнаешь путь в эту сокровищницу и станешь богаче всех в мире. А когда ты принесешь мне лампу, я подарю тебе волшебный мешок. На обратном пути тебя будет охранять от всех бед вот это кольцо.

И он надел на палец Аладдину маленькое блестящее колечко.

Аладдин помертвел от ужаса, услышав о страшных зверях и чудовищах.

— Дядя, — спросил он магрибинца, — почему ты сам не хочешь спуститься туда? Иди сам за своей лампой, а меня отведи домой.

— Нет, Аладдин, — сказал магрибинец. — Никто, кроме тебя, не может пройти в сокровищницу. Этот клад лежит под землей уже много сотен лет, и достанется он только мальчику по имени Аладдин, сыну портного Хасана. Долго ждал я сегодняшнего дня, долго искал тебя по всей земле, и теперь, когда я тебя нашел, ты не уйдешь от меня. Не прекословь же мне, или тебе будет плохо.

"Что мне делать? — подумал Аладдин. — Если я не пойду, этот страшный колдун, пожалуй, убьет меня. Лучше уж я спущусь в сокровищницу и принесу ему его лампу. Может быть, он тогда и вправду подарит мне мешок. Вот мать обрадуется!"

— Колдуй дальше! — сказал он магрибинцу. — Я принесу тебе лампу, но только смотри подари мне мешок.

— Подарю, подарю! — воскликнул магрибинец. Он подбросил в огонь еще порошку и начал читать заклинания на непонятном языке. Он читал все громче и громче, и, когда он во весь голос выкрикнул последнее слово, раздался оглушительный грохот, и земля расступилась перед ними.

— Поднимай камень! — закричал магрибинец страшным голосом.

Аладдин увидел у своих ног большой камень с медным кольцом, сверкавшим при свете костра. Он обеими руками ухватился за кольцо и потянул к себе камень. Камень оказался очень легким, и Аладдин без труда поднял его. Под камнем была большая круглая яма, а в глубине ее вилась узкая лестница, уходившая далеко под землю. Аладдин сел на край ямы и спрыгнул на первую ступеньку лестницы.

— Ну, иди и возвращайся скорее! — крикнул магрибинец. Аладдин пошел вниз по лестнице. Чем дальше он спускался, тем темнее становилось вокруг. Аладдин, не останавливаясь, шел вперед и, когда ему было страшно, думал о мешке с едой.

Дойдя до последней ступеньки лестницы, он увидел широкую железную дверь и толкнул ее. Дверь медленно открылась, и Аладдин вошел в большую комнату, в которую проникал откуда-то издали слабый свет. Посреди комнаты стоял страшный негр в тигровой шкуре. Увидев Аладдина, негр молча бросился на него с поднятым мечом. Но Аладдин хорошо запомнил, что сказал ему магрибинец, — он протянул руку, и, как только меч коснулся Аладдина, негр упал на землю бездыханный. Аладдин пошел дальше, хотя у него подгибались ноги. Он толкнул вторую дверь и замер на месте. Прямо перед ним стоял, оскалив страшную пасть, свирепый лев. Лев припал всем телом к земле и прыгнул прямо на Аладдина, но едва его передняя лапа задела голову мальчика, как лев упал на землю мертвый. Аладдин от испуга весь вспотел, но все-таки пошел дальше. Он открыл третью дверь и услышал страшное шипение: посреди комнаты, свернувшись клубком, лежали две огромные змеи. Они подняли головы и, высунув длинные раздвоенные жала, медленно поползли к Аладдину, шипя и извиваясь. Аладдин еле удержался, чтобы не убежать, но вовремя вспомнил слова магрибинца и смело пошел прямо на змей. И как только змеи коснулись руки Аладдина своими жалами, их сверкающие глаза потухли и змеи растянулись на земле мертвые.

А Аладдин пошел дальше и, дойдя до четвертой двери, осторожно приоткрыл ее. Он просунул в дверь голову и с облегчением перевел дух — в комнате никого не было, кроме маленькой старушки, с головы до ног закутанной в покрывало. Увидев Аладдина, она бросилась к нему и закричала:

— Наконец-то ты пришел, Аладдин, мой мальчик! Как долго я ждала тебя в этом темном подземелье!

Аладдин протянул к ней руки — ему показалось, что перед ним его мать, — и хотел уже обнять ее, как вдруг в комнате стало светлее и во всех углах появились какие-то страшные существа — львы, змеи и чудовища, которым нет имени, они как будто ждали, чтобы Аладдин ошибся и позволил старушке дотронуться до себя, — тогда он превратится в черный камень и клад останется в сокровищнице на вечные времена. Ведь никто, кроме Аладдина, не может его взять.

Аладдин в ужасе отскочил назад и захлопнул за собой дверь. Придя в себя, он снова приоткрыл ее и увидел, что в комнате никого нет.

Аладдин прошел через комнату и открыл пятую дверь.

Перед ним был прекрасный, ярко освещенный сад, где росли густые деревья, благоухали цветы и фонтаны высоко били над бассейнами.

На деревьях громко щебетали маленькие пестрые птички. Они не могли далеко улететь, потому что им мешала тонкая золотая сетка, протянутая над садом. Все дорожки были усыпаны круглыми разноцветными камешками, они ослепительно сверкали при свете ярких светильников и фонарей, развешанных на ветвях деревьев.

Аладдин бросился собирать камешки. Он запрятал их всюду, куда только мог, — за пояс, за пазуху, в шапку. Он очень любил играть в камешки с мальчишками и радостно думал о том, как приятно будет похвастаться такой прекрасной находкой.

Камни так понравились Аладдину, что он чуть не забыл про лампу. Но когда камни некуда было больше класть, он вспомнил о лампе и пошел в сокровищницу. Это была последняя комната в подземелье — самая большая. Там лежали груды золота, кипы дорогих материй, драгоценные мечи и кубки, но Аладдин даже не посмотрел на них — он не знал цены золоту и дорогим вещам, потому что никогда их не видел. Да и карманы у него были доверху набиты камнями, а он не отдал бы и одного камешка за тысячу золотых динаров. Он взял только лампу, про которую говорил ему магрибинец, — старую, позеленевшую медную лампу, — и хотел положить ее в самый глубокий карман, но там не было места: карман был наполнен камешками. Тогда Аладдин высыпал камешки, засунул лампу в

22

карман, а сверху опять наложил камешков, сколько влезло. Остальные он кое-как распихал по карманам.

Затем он вернулся обратно и с трудом взобрался по лестнице. Дойдя до последней ступеньки, он увидел, что до верху еще далеко.

— Дядя, — крикнул он, — протяни мне руку и возьми шапку, которая у меня в руках! А потом вытащи меня наверх. Мне самому не выбраться, я тяжело нагружен. А каких камней я набрал в саду!

— Дай мне скорее лампу! — сказал магрибинец.

— Я не могу ее достать, она под камнями, — ответил Аладдин. — Помоги мне выйти, и я дам тебе ее!

Но магрибинец и не думал вытаскивать Аладдина. Он хотел получить лампу, а Аладдина оставить в подземелье, чтобы никто не узнал хода в сокровищницу и не выдал его тайны. Он начал упрашивать Аладдина, чтобы тот дал ему лампу, но Аладдин ни за что не соглашался — он боялся растерять камешки в темноте и хотел скорее выбраться на землю. Когда магрибинец убедился, что Аладдин не отдаст ему лампу, он страшно разгневался.

— Ах так, ты не отдашь мне лампу? — закричал он. — Оставайся же в подземелье и умри с голоду, и пусть даже родная мать не узнает о твоей смерти!

Он бросил в огонь остаток порошка из коробочки и произнес какие-то непонятные слова — и вдруг камень сам закрыл отверстие, и земля сомкнулась над Аладдином.

Этот магрибинец был вовсе не дядя Аладдина — он был злой волшебник и хитрый колдун. Он жил в городе Ифрикии, на западе Африки, и ему стало известно, что где-то в Персии лежит под землей клад, охраняемый именем Аладдина, сына портного Хасана. А самое ценное в этом кладе — волшебная лампа. Она дает тому, кто ею владеет, такое могущество и богатство, какого нет ни у одного царя. Никто, кроме Аладдина, не может достать эту лампу. Всякий другой человек, который захочет взять ее, будет убит сторожами клада или превратится в черный камень.

Долго гадал магрибинец на песке, пока не узнал, где живет Аладдин. Много перенес он бедствий и мучений, прежде чем добрался из своей Ифрикии до Персии, и вот теперь, когда лампа так близко, этот скверный мальчишка не хочет отдать ее! А ведь если он выйдет на землю, он, может быть, приведет сюда других людей! Не для того магрибинец ждал так долго возможности завладеть кладом, чтобы делиться им с другими. Пусть же клад не достанется никому! Пусть погибнет Аладдин в подземелье! Он ведь не знает, что эта лампа волшебная...

И магрибинец ушел обратно в Ифрикию, полный гнева и досады. И вот пока все, что с ним было.

А Аладдин, когда земля сомкнулась над ним, громко заплакал и закричал:

— Дядя, помоги мне! Дядя, выведи меня отсюда! Я здесь умру!

Но никто его не услышал и не ответил ему. Тут Аладдин понял, что этот человек, который называл себя его дядей, — обманщик и лгун. Аладдин заплакал так сильно, что промочил слезами всю свою одежду. Он бросился по лестнице вниз, чтобы посмотреть, нет ли другого выхода из подземелья, но все двери сразу исчезли и выход в сад тоже был закрыт.

Аладдину не оставалось никакой надежды на спасение, и он приготовился умереть.

Он сел на ступеньку лестницы, опустил голову на колени и в горе стал ломать руки. Случайно он потер кольцо, которое магрибинец надел ему на палец, когда спускал его в подземелье.

Вдруг земля задрожала, и перед Аладдином вырос страшный джинн огромного роста. Голова его была как купол, руки — как вилы, ноги — как придорожные столбы, рот — как пещера, а глаза его метали искры.

— Чего ты хочешь? — спросил джинн голосом, подобным грому. — Требуй — получишь.

— Кто ты? Кто ты? — закричал Аладдин, закрывая себе лицо руками, чтобы не видеть страшного джинна. — Пощади меня, не убивай меня!

— Я — Дахнаш, сын Кашкаша, глава всех джиннов, — ответил джинн. — Я раб кольца и раб того, кто владеет кольцом. Я исполню все, что прикажет мой господин.

Аладдин вспомнил о кольце и о том, что сказал магрибинец, давая ему кольцо. Он собрался с духом и произнес:

— Я хочу, чтобы ты поднял меня на поверхность земли!

И не успел он вымолвить этих слов, как очутился на земле у потухшего костра, где они с магрибинцем были ночью. Уже настал день, и солнце ярко светило. Аладдину показалось, что все, что с ним случилось, было только сном. Со всех ног побежал он домой и, запыхавшись, вошел к своей матери. Мать Аладдина сидела посреди комнаты, распустив волосы, и горько плакала. Она думала, что ее сына уже нет в живых. Аладдин, едва захлопнув за собой дверь, упал без чувств от голода и усталости. Мать побрызгала ему на лицо водой и, когда он пришел в себя, спросила:

— О Аладдин, где ты пропадал и что с тобой случилось? Где твой дядя и почему ты вернулся без него?

— Это вовсе не мой дядя. Это злой колдун, — сказал Аладдин слабым голосом. — Я все расскажу тебе, матушка, но только сперва дай мне поесть.

Мать накормила Аладдина вареными бобами — даже хлеба у нее не было — и потом сказала:

24

— А теперь расскажи мне, что с тобой случилось и где ты провел ночь?

— Я был в подземелье и нашел там чудесные камни.

И Аладдин рассказал матери все, что с ним было. Окончив рассказ, он заглянул в миску, где были бобы, и спросил:

— Нет ли у тебя еще чего-нибудь поесть, матушка? Я голоден.

— Нет у меня ничего, дитя мое. Ты съел все, что я приготовила и на сегодня, и на завтра, — грустно сказала мать Аладдина. — Я так горевала о тебе, что не работала, и у меня нет пряжи, чтобы продать на рынке.

— Не горюй, матушка, — сказал Аладдин. — У меня есть лампа, которую я взял в подземелье. Правда, она старая, но ее все-таки можно продать.

Он вынул лампу и подал ее матери. Мать взяла лампу, осмотрела ее и сказала:

— Пойду почищу ее и снесу на рынок: может быть, за нее дадут столько, что нам хватит на ужин.

Она взяла тряпку и кусок мела и вышла во двор. Но как только она начала тереть лампу тряпкой, земля задрожала и перед ней появился огромного роста джинн. Мать Аладдина закричала и упала без чувств. Аладдин услышал крик и заметил, что в комнате потемнело. Он выбежал во двор и увидел, что его мать лежит на земле, лампа валяется рядом, а посреди двора стоит джинн, такой огромный, что головы его не видно. Он заслонил собою солнце, и стало темно, как в сумерки.

Аладдин поднял лампу, и вдруг раздался громовой голос:

— О владыка лампы, я к твоим услугам.

Аладдин уже начал привыкать к джиннам и поэтому не слишком испугался. Он поднял голову и крикнул как можно громче, чтобы джинн его услышал:

— Кто ты, о джинн, и что ты можешь делать?

— Я Маймун, сын Шамхураша, — ответил джинн. — Я раб лампы и раб того, кто ею владеет. Требуй от меня, чего хочешь. Если тебе угодно, чтобы я разрушил город или построил дворец, — приказывай!

Пока он говорил, мать Аладдина пришла в себя и, у видя возле своего лица огромную ступню джинна, похожую на большую лодку, закричала от ужаса. А Аладдин приставил руки ко рту и крикнул во весь голос:

— Принеси нам две жареные курицы и еще что-нибудь хорошее, а потом убирайся. А то моя мать тебя боится. Она еще не привыкла разговаривать с джиннами.

Джинн исчез и через мгновение принес стол, покрытый прекрасной кожаной скатертью. На нем стояло двенадцать золотых блюд со всевозможными вкусными кушаньями и два кувшина с розовой водой, подслащенной сахаром и охлажденной снегом. Раб лампы поставил стол перед Аладдином и исчез, а Аладдин с матерью начали есть и ели, пока не насытились. Мать Аладдина убрала остатки еды со стола, и они стали разговаривать, грызя фисташки и сухой миндаль.

— О матушка, — сказал Аладдин, — эту лампу надо беречь и никому не показывать. Теперь я понимаю, почему этот проклятый магрибинец хотел получить только ее одну и отказывался от всего остального. Эта лампа и еще кольцо, которое у меня осталось, принесут нам счастье и богатство.

— Делай, как тебе вздумается, дитя мое, — сказала мать, — но только я не хочу больше видеть этого джинна: уж очень он страшный и отвратительный.

Через несколько дней пища, которую принес джинн, кончилась, и Аладдину с матерью опять стало нечего есть. Тогда Аладдин взял одно из золотых блюд и пошел на рынок его продавать. Это блюдо сейчас же купил торговец драгоценностями и дал за него сто динаров.

Аладдин весело побежал домой. С этих пор, как только у них кончались деньги, Аладдин шел на рынок и продавал блюдо, и они с матерью жили, ни в чем не нуждаясь. Аладдин часто сидел на рынке в лавках купцов и учился продавать и покупать. Он узнал цену всех вещей и понял, что ему досталось огромное богатство и что каждый камешек, который он подобрал в подземном саду, стоит дороже, чем любой драгоценный камень, какой можно найти на земле.

Однажды утром, когда Аладдин был на рынке, вышел на площадь глашатай и закричал:

— О люди, заприте свои лавки и войдите в дома, и пусть никто не смотрит из окон! Сейчас царевна Будур, дочь султана, пойдет в баню, и никто не должен видеть ее!

Купцы бросились запирать лавки, а народ, толкаясь, побежал с площади. Аладдину вдруг очень захотелось поглядеть на царевну Будур — все в городе говорили, что прекраснее ее нет девушки на свете. Аладдин быстро прошел к бане и спрятался за дверью, так, чтобы его никто не мог увидеть.

Вся площадь вдруг опустела. И вот на дальнем конце площади показалась толпа девушек, ехавших на серых мулах, оседланных золотыми седлами. У каждой был в руках острый меч. А среди них медленно ехала девушка, одетая пышнее и наряднее всех других. Это и была царевна Будур.

Она откинула с лица покрывало, и Аладдину показалось, что перед ним — сияющее солнце. Он невольно закрыл глаза.

Царевна сошла с мула и, пройдя в двух шагах от Аладдина, вошла в баню. А Аладдин побрел домой, тяжко вздыхая. Он не мог забыть о красоте царевны Будур.

26

"Правду говорят, что она прекраснее всех на свете, — думал он. — Клянусь своей головой — пусть я умру самой страшной смертью, если не женюсь на ней!"

Он вошел к себе в дом, бросился на постель и пролежал до вечера. Когда его мать спрашивала, что с ним, он только махал на нее рукой. Наконец она так пристала к нему с расспросами, что он не выдержал и сказал:

— О матушка, я хочу жениться на царевне Будур, а иначе я погибну. Если ты не хочешь, чтобы я умер, пойди к султану и попроси его выдать Будур за меня замуж.

— Что ты такое говоришь, дитя мое! — воскликнула старуха, — Тебе, наверное, напекло солнцем голову! Разве слыхано, чтобы сыновья портных женились на дочерях султанов! На вот, поешь лучше молодого барашка и усни. Завтра ты и думать не станешь о таких вещах!

— Не надо мне барашка! Я хочу жениться на царевне Будур? — закричал Аладдин. — Ради моей жизни, о матушка, пойди к султану и посватайся за меня к царевне Будур.

— О сынок, — сказала мать Аладдина, — я не лишилась ума, чтобы идти к султану с такой просьбой. Я еще не забыла, кто я такая и кто ты такой.

Но Аладдин до тех пор упрашивал мать, пока она не устала говорить "нет".

— Ну, хорошо, сынок, я пойду, — сказала она. — Но ты ведь знаешь, что к султану не приходят с пустыми руками. А что я могу принести подходящего для его султанского величества?

Аладдин вскочил с постели и весело крикнул:

— Не беспокойся об этом, матушка! Возьми одно из золотых блюд и наполни его драгоценными камнями, которые я принес из сада. Это будет подарок, достойный султана. У него, конечно, нет таких камней, как мои!

Аладдин схватил самое большое блюдо и доверху наполнил его драгоценными камнями. Его мать взглянула на них и закрыла глаза рукой — так ярко сверкали камни, переливаясь всеми цветами.

— С таким подарком, пожалуй, не стыдно идти к султану, — сказала она.

— Не знаю только, повернется ли у меня язык сказать то, о чем ты просишь. Но я наберусь смелости и попробую.

— Попробуй, матушка, только скорее. Иди и не мешкай.

Мать Аладдина покрыла блюдо тонким шелковым платком и пошла ко дворцу султана.

"Ох, выгонят меня из дворца и побьют, а камни отнимут, — думала она.

— А может быть, и в тюрьму посадят".

Наконец она пришла в диван и встала в самом дальнем углу. Было еще рано, и в диване никого не было. Но постепенно он наполнился эмирами, визирями, вельможами и знатными людьми царства в пестрых халатах всех цветов и стал похож на цветущий сад.

Султан пришел позже всех, окруженный неграми с мечами в руках. Он сел на престол и начал разбирать дела и принимать жалобы, а самый высокий негр стоял с ним рядом и отгонял от него мух большим павлиньим пером.

Когда все дела были окончены, султан махнул платком — это означало конец — и ушел, опираясь на плечи негров.

А мать Аладдина вернулась домой и сказала сыну:

— Ну, сынок, у меня хватило смелости. Я вошла в диван и пробыла там, пока он не кончился. Завтра я поговорю с султаном, будь спокоен, а сегодня у меня не было времени.

На другой день она опять пошла в диван и снова ушла, когда он кончился, не сказав ни слова султану. Она пошла и на следующий день и скоро привыкла ходить в диван ежедневно. Целые дни стояла она в углу, но так и не могла сказать султану, в чем ее просьба.

А султан наконец заметил, что какая-то старуха с большим блюдом в руках каждый день приходит в диван. И однажды он сказал своему визирю:

— О визирь, я хочу знать, кто эта старая женщина и зачем она приходит сюда. Спроси, в чем ее дело, и, если у нее есть какая—нибудь просьба, я ее исполню.

— Слушаю и повинуюсь, — сказал визирь. Он подошел к матери Аладдина и крикнул:

— Эй, старуха, поговори с султаном! Если у тебя есть какая—нибудь просьба, султан ее исполнит.

Когда мать Аладдина услышала эти слова, у нее затряслись поджилки, и она чуть не выронила из рук блюдо. Визирь подвел ее к султану, и она поцеловала перед ним землю, а султан спросил ее:

— О старуха, почему ты каждый день приходишь в диван и ничего не говоришь? Скажи, что тебе нужно?

— Выслушай меня, о султан, и не дивись моим словам, — сказала старуха. — Прежде чем я ее тебе скажу, обещай мне пощаду.

— Пощада будет тебе, — сказал султан, — говори.

Мать Аладдина еще раз поцеловала землю перед султаном и сказала:

— О владыка султан! Мой сын Аладдин шлет тебе в подарок вот эти камни и просит тебя отдать ему в жены твою дочь, царевну Будур.

Она сдернула с блюда платок, и весь диван осветился — так засверкали камни. А визирь и султан оторопели при виде таких драгоценностей.

— О визирь, — сказал султан, — видел ли ты когда—нибудь такие камни?

— Нет, о владыка султан, не видел, — ответил визирь, а султан сказал:

— Я думаю, что человек, у которого есть такие камни, достоин быть мужем моей дочери. Каково твое мнение, о визирь?

Когда визирь услышал эти слова, его лицо пожелтело от зависти. У него был сын, которого он хотел женить на царевне Будур, и султан уже обещал выдать Будур замуж за его сына. Но султан очень любил драгоценности, а в его казне не было ни одного такого камня, как те, что лежали перед ним на блюде.

— О владыка султан, — сказал визирь, — не подобает твоему величеству отдавать царевну замуж за человека, которого ты даже не знаешь. Может быть, у него ничего нет, кроме этих камней, и ты выдашь дочь за нищего. По моему мнению, самое лучшее — это потребовать от него, чтобы он подарил тебе сорок таких же блюд, наполненных драгоценными камнями, и сорок невольниц, чтобы несли эти блюда, и сорок рабов, чтобы их охранять. Тогда мы узнаем, богат он или нет.

А про себя визирь думал: "Невозможно, чтобы кто-нибудь мог все это достать. Он будет бессилен это сделать, и я избавлюсь от него".

— Ты хорошо придумал, о визирь! — закричал султан и сказал матери Аладдина:

— Ты слышала, что говорит визирь? Иди и передай твоему сыну: если он хочет жениться на моей дочери, пусть присылает сорок золотых блюд с такими же камнями, и сорок невольниц, и сорок рабов.

Мать Аладдина поцеловала перед султаном землю и пошла домой. Она шла и говорила себе, качая головой:

— Откуда же Аладдин возьмет все это? Ну, допустим, что он пойдет в подземный сад и наберет там еще камней, но откуда возьмутся рабы и невольницы? Так она разговаривала сама с собой всю дорогу, пока не дошла до дому. Она вошла к Аладдину грустная и смущенная. Увидев, что у матери нет в руках блюда, Аладдин воскликнул:

— О матушка, я вижу, ты сегодня говорила с султаном. Что же он сказал тебе?

— О дитя мое, лучше было бы мне и не ходить к султану, и не говорить с ним, — ответила старуха. — Послушай только, что он мне сказал.

И она передала Аладдину слова султана, а Аладдин засмеялся от радости.

— Успокойся, матушка, — сказал он, — это самое легкое дело.

Он взял лампу и потер ее, и когда мать увидела это, она бегом бросилась в кухню, чтобы не видеть джинна. А джинн сейчас лее явился и сказал:

— О господин, я к твоим услугам. Чего ты хочешь? Требуй — получишь.

— Мне нужно сорок золотых блюд, полных драгоценными камнями, сорок невольниц, чтобы несли эти блюда, и сорок рабов, чтобы их охранять, — сказал Аладдин.

— Будет исполнено, о господин, — ответил Маймун, раб лампы. — Может быть, ты хочешь, чтобы я разрушил город или построил дворец? Приказывай.

— Нет, сделай то, что я тебе сказал, — ответил Аладдин, и раб лампы исчез.

Через самое короткое время он появился снова, а за ним шли сорок прекрасных невольниц, и каждая держала на голове золотое блюдо с драгоценными камнями. Невольниц сопровождали рослые, красивые рабы с обнаженными мечами.

— Вот то, что ты требовал, — сказал джинн и исчез.

Тогда мать Аладдина вышла из кухни, осмотрела рабов и невольниц, а потом выстроила их парами и гордо пошла впереди них ко дворцу султана.

Весь народ сбежался смотреть на это невиданное шествие, и стража во дворце онемела от изумления, когда увидела этих рабов и невольниц.

Мать Аладдина привела их прямо к султану, и все они поцеловали перед ним землю и, сняв блюда с головы, поставили их в ряд. Султан совсем растерялся от радости и не мог выговорить ни слова. А придя в себя, он сказал визирю:

— О визирь, каково твое мнение? Разве не достоин тот, кто имеет такое богатство, стать мужем моей дочери, царевны Будур?

— Достоин, о владыка, — отвечал визирь, тяжело вздыхая. Он не смел сказать "нет", хотя зависть и досада убивали его.

— О женщина, — сказал султан матери Аладдина, — пойди и передай твоему сыну, что я принял его подарок и согласен выдать за него царевну Будур. Пусть он явится ко мне — я хочу его видеть.

Мать Аладдина торопливо поцеловала землю перед султаном и со всех ног побежала домой — так быстро, что ветер не мог за ней угнаться. Она прибежала к Аладдину и закричала:

— Радуйся, о сын мой! Султан принял твой подарок и согласен, чтобы ты стал мужем царевны. Он сказал это при всех. Иди сейчас же во дворец — султан хочет тебя видеть. Я выполнила поручение, теперь кончай дело сам.

— Спасибо тебе, матушка, — сказал Аладдин, — сейчас пойду к султану. А теперь уходи — я буду разговаривать с джинном.

Аладдин взял лампу и потер ее, и тотчас же явился Маймун, раб лампы. И Аладдин сказал ему:

— О Маймун, приведи мне сорок восемь белых невольников — это будет моя свита. И пусть двадцать четыре невольника идут впереди меня, а двадцать четыре — сзади. И еще доставь мне тысячу динаров и самого лучшего коня.

— Будет исполнено, — сказал джинн и исчез. Он доставил все, что велел Аладдин, и спросил:

— Чего ты хочешь еще? Не хочешь ли ты, чтобы я разрушил город или построил дворец? Я все могу.

— Нет, пока не надо, — сказал Аладдин.

Он вскочил на коня и поехал к султану, и все жители сбежались посмотреть на красивого юношу, ехавшего с такой пышной свитой. На рыночной площади, где было больше всего народу, Аладдин достал из мешка горсть золота и бросил ее. Все кинулись ловить и подбирать монеты, а Аладдин бросал и бросал, пока мешок не опустел.

Он подъехал ко дворцу, и все визири и эмиры встретили его у ворот и проводили к султану. Султан поднялся к нему навстречу и сказал:

— Добро пожаловать тебе, Аладдин. Жаль, что я не познакомился с тобой раньше. Я слышал, что ты хочешь жениться на моей дочери. Я согласен. Сегодня будет ваша свадьба. Ты все приготовил для этого торжества?

— Нет еще, о владыка султан, — ответил Аладдин. — Я не выстроил для царевны Будур дворца, подходящего ее сану.

— А когда же будет свадьба? — спросил султан. — Ведь дворец скоро не выстроишь.

— Не беспокойся, о владыка султан, — сказал Аладдин. — Подожди немного.

— А где ты собираешься построить дворец, о Аладдин? — спросил султан.

— Не хочешь ли ты выстроить его перед моими окнами, вот на этом пустыре?

— Как тебе будет угодно, о владыка, — ответил Аладдин.

Он простился с царем и уехал домой вместе со свитой.

Дома он взял лампу, потер ее и, когда появился джинн Маймун, сказал ему:

— Ну, теперь выстрой дворец, но такой, какого еще не было на земле. Мелеешь это сделать?

— Могу! — воскликнул джинн голосом, подобным грому. — К завтрашнему утру будет готов. Останешься доволен.

И в самом деле, на следующее утро на пустыре возвышался великолепный дворец. Стены его были сложены из золотых и серебряных кирпичей, а крыша была алмазная. Чтобы взглянуть на нее, Аладдину пришлось взобраться на плечи джинна Маймуна — так высок был дворец. Аладдин обошел все комнаты во дворце и сказал Маймуну:

— О Маймун, я придумал одну шутку. Сломай вот эту колонну, и пусть султан думает, что мы забыли выстроить ее. Он захочет построить ее сам и не сможет этого сделать, и тогда он увидит, что я сильнее и богаче его.

— Хорошо, — сказал джинн и махнул рукой; колонна исчезла, как будто ее и не было. — Не хочешь ли ты еще что-нибудь разрушить?

— Нет, — сказал Аладдин. — Теперь я пойду и приведу сюда султана.

А султан утром подошел к окну и увидел дворец, который так блестел и сверкал на солнце, что на него больно было смотреть. Султан поспешно позвал визиря и показал ему дворец.

— Ну, что ты скажешь, о визирь? — спросил он. — Достоин ли быть мужем моей дочери тот, кто в одну ночь построил такой дворец?

— О владыка султан, — закричал визирь, — разве ты не видишь, что этот Аладдин — колдун! Берегись, как бы он не отобрал у тебя твое царство!

— Завистливый ты человек, о визирь, — сказал султан. — Мне нечего бояться, а ты говоришь все это из зависти.

В это время вошел Аладдин и, поцеловав землю у ног султана, пригласил его посмотреть дворец.

Султан с визирем обошли весь дворец, и султан не уставал восхищаться его красотой и пышностью. Наконец Аладдин привел гостей к тому месту, где Маймун разрушил колонну. Визирь сейчас же заметил, что недостает одной колонны, и закричал:

— Дворец не достроен! Одной колонны здесь не хватает!

— Не беда, — сказал султан. — Я сам поставлю эту колонну. Позвать сюда главного строителя!

— Лучше не пробуй, о султан, — тихо сказал ему визирь. — Тебе это не под силу. Посмотри: колонны такие высокие, что не видно, где они кончаются, и они сверху донизу выложены драгоценными камнями.

— Замолчи, о визирь, — гордо сказал султан. — Неужели я не смогу выстроить одну колонну?

Он велел созвать всех каменотесов, какие были в городе, и отдал все свои драгоценные камни. Но их не хватило. Узнав об этом, султан рассердился и крикнул:

— Откройте главную казну, отберите у моих подданных все драгоценные камни! Неужели всего моего богатства не хватит на одну колонну?

Но через несколько дней строители пришли к султану и доложили, что камней и мрамора хватило только на четверть колонны. Султан велел отрубить им головы, но колонны все-таки не поставил. Узнав об этом, Аладдин сказал султану:

— Не печалься, о султан. Колонна уже стоит на месте, и я возвратил все драгоценные камни их владельцам.

В тот же вечер султан устроил великолепный праздник в честь свадьбы Аладдина и царевны Будур, и Аладдин с женою стали жить в новом дворце.

Вот пока все, что было с Аладдином.

Что же касается магрибинца, то он вернулся к себе в Ифрикию и долго горевал и печалился. Он испытал много бедствий и мучений, стараясь раздобыть волшебную лампу, но она все-таки не досталась ему, хотя была совсем близко. Только одно утешение было у магрибинца: "Раз этот Аладдин погиб в подземелье, значит, и лампа находится там. Может быть, мне удастся завладеть ею и без Аладдина".

Так он раздумывал об этом целыми днями. И вот однажды он захотел убедиться, что лампа цела и находится в подземелье. Он погадал на песке и увидел, что все в сокровищнице осталось так, как было, но лампы там больше нет. Сердце его замерло. Он стал гадать дальше и узнал, что Аладдин спасся из подземелья и живет в своем родном городе. Быстро собрался магрибинец в путь и поехал через моря, горы и пустыни в далекую Персию. Снова пришлось ему терпеть беды и несчастья, и наконец он прибыл в тот город, где жил Аладдин.

Магрибинец пошел на рынок и стал слушать, что говорят люди. А в это время как раз кончилась война персов с кочевниками, и Аладдин, который стоял во главе войска, вернулся в город победителем. На рынке только и было разговоров, что о подвигах Аладдина.

Магрибинец походил и послушал, а потом подошел к продавцу холодной воды и спросил его:

— Кто такой этот Аладдин, о котором все люди здесь говорят?

— Сразу видно, что ты нездешний, — ответил продавец. — Иначе ты знал бы, кто такой Аладдин. Это самый богатый человек во всем мире, а его дворец — настоящее чудо.

Магрибинец протянул водоносу динар и сказал ему:

— Возьми этот динар и окажи мне услугу. Я и вправду чужой в вашем городе, и мне хотелось бы посмотреть на дворец Аладдина. Проводи меня к этому дворцу.

— Никто лучше меня не покажет тебе дорогу, — сказал водонос. — Идем. Он привел магрибинца ко дворцу и ушел, благословляя этого чужеземца за щедрость. А магрибинец обошел вокруг дворца и, осмотрев его со всех сторон, сказал про себя:

— Такой дворец мог построить только джинн, раб лампы. Наверное, она находится в этом дворце.

Долго придумывал магрибинец хитрость, с помощью которой он мог бы завладеть лампой, и наконец придумал.

Он пошел к меднику и сказал ему:

— Сделай мне десять медных ламп и возьми за них какую хочешь плату, но только поторопись. Вот тебе пять динаров в задаток.

— Слушаю и повинуюсь, — ответил медник. — Приходи к вечеру, лампы будут готовы.

Вечером магрибинец получил десять новеньких ламп, блестевших, как золотые. Он провел ночь без сна, думая о хитрости, которую он устроит, а на рассвете поднялся и пошел по городу, крича:

— Кто хочет обменять старые лампы на новые? У кого есть старые медные лампы? Меняю на новые!

Народ толпой ходил за магрибинцем, а дети прыгали вокруг него и кричали:

— Бесноватый, бесноватый!

Но магрибинец не обращал на них внимания и кричал:

— У кого есть старые лампы? Меняю на новые!

Наконец он пришел ко дворцу. Аладдина самого в это время не было дома — он уехал на охоту, и во дворце оставалась его жена, царевна Будур. Услышав крики магрибинца, Будур послала старшего привратника узнать, в чем дело, и привратник, вернувшись, сказал ей:

— Это какой-то бесноватый дервиш. У него в руках новые лампы, и он обещает дать за каждую старую лампу новую.

Царевна Будур рассмеялась и сказала:

— Хорошо бы проверить, правду ли он говорит или обманывает. Нет ли у нас во дворце какой—нибудь старой лампы?

— Есть, госпожа, — сказала одна из невольниц. — Я видела в комнате господина нашего Аладдина медную лампу. Она вся позеленела и никуда не годится.

А Аладдину, когда он уезжал на охоту, понадобились припасы, и он вызвал джинна Маймуна, чтобы тот принес, что нужно. Когда джинн принес заказанное, раздался звук рога, и Аладдин заторопился, бросил лампу на постель и выбежал из дворца.

— Принеси эту лампу, — приказала Будур невольнице, — а ты, Кафур, отнеси ее магрибинцу, и пусть он даст нам новую.

И привратник Кафур вышел на улицу и отдал магрибинцу волшебную лампу, а взамен получил новенький медный светильник. Магрибинец очень обрадовался, что его хитрость удалась, и спрятал лампу за пазуху. Он купил на рынке осла и уехал.

А выехав за город и убедившись, что никто его не видит и не слышит, магрибинец потер лампу, и джинн Маймун явился перед ним. Магрибинец крикнул ему:

— Хочу, чтобы ты перенес дворец Аладдина и всех, кто в нем находится, в Ифрикию и поставил бы его в моем саду, возле моего дома. И меня тоже перенеси туда.

— Будет исполнено, — сказал джинн. — Закрой глаза и открой глаза, и дворец будет в Ифрикии. А может быть, ты хочешь, чтобы я разрушил город?

— Исполняй то, что я тебе приказал, — сказал магрибинец, и не успел он договорить этих слов, как увидел себя в своем саду в Ифрикии, у дворца. И вот пока все, что с ним было.

Что же касается султана, то он проснулся утром и выглянул в окно — и вдруг видит, что дворец исчез и там, где он стоял, — ровное гладкое место. Султан протер глаза, думая, что он спит, и даже ущипнул себе руку, чтобы проснуться, но дворец не появился.

Султан не знал, что подумать, и начал громко плакать и стонать. Он понял, что с царевной Будур случилась какая-то беда. На крики султана прибежал визирь и спросил:

— Что с тобой случилось, о владыка султан? Какое бедствие тебя поразило?

— Да разве ты ничего не знаешь? — закричал султан. — Ну так выгляни в окно. Что ты видишь? Где дворец? Ты — мой визирь и отвечаешь за все, что делается в городе, а у тебя под носом пропадают дворцы, и ты ничего не знаешь об этом. Где моя дочь, плод моего сердца? Говори!

— Не знаю, о владыка султан, — ответил испуганный визирь. — Я говорил тебе, что этот Аладдин — злой волшебник, но ты мне не верил.

— Приведи сюда Аладдина, — закричал султан, — и я отрублю ему голову! В это время Аладдин как раз возвращался с охоты. Слуги султана вышли на улицу, чтобы его разыскать, и, увидев его, побежали к нему навстречу.

— Не взыщи с нас, о Аладдин, господин наш, — сказал один из них. — Султан приказал скрутить тебе руки, заковать тебя в цепи и привести к нему. Нам будет тяжело это сделать, но мы люди подневольные и не можем ослушаться приказа султана.

— За что султан разгневался на меня? — спросил Аладдин. — Я не сделал и не задумал ничего дурного против него или против его подданных.

Позвали кузнеца, и он заковал ноги Аладдина в цепи. Пока он делал это, вокруг Аладдина собралась толпа. Жители города любили Аладдина за его доброту и щедрость, и, когда они узнали, что султан хочет отрубить ему голову, они все сбежались ко дворцу. А султан велел привести Аладдина к себе и сказал ему:

— Прав был мой визирь, когда говорил, что ты колдун и обманщик. Где твой дворец и где моя дочь Будур?

— Не знаю, о владыка султан, — ответил Аладдин. — Я ни в чем перед тобой не виновен.

— Отрубить ему голову! — крикнул султан, и Аладдина снова вывели на улицу, а за ним вышел палач.

Когда жители города увидели палача, они обступили Аладдина и послали сказать султану:

"Если ты, о султан, не помилуешь Аладдина, то мы опрокинем на тебя твой дворец и перебьем всех, кто в нем находится. Освободи Аладдина и окажи ему милость, а то тебе придется плохо".

— Что мне делать, о визирь? — спросил султан, и визирь сказал ему:

— Сделай так, как они говорят. Они любят Аладдина больше, чем нас с тобой, и, если ты его убьешь, нам всем несдобровать.

— Ты прав, о визирь, — сказал султан и велел расковать Аладдина и сказать ему от имени султана такие слова:

"Я пощадил тебя, потому что народ тебя любит, но если ты не отыщешь мою дочь, то я все-таки отрублю тебе голову. Даю тебе сроку для этого сорок дней".

— Слушаю и повинуюсь, — сказал Аладдин и ушел из города.

Он не знал, куда ему направиться и где искать царевну Будур, и горе так давило его, что он решил утопиться. Он дошел до большой реки и сел на берегу, грустный и печальный.

Задумавшись, он опустил в воду правую руку и вдруг почувствовал, как что-то соскальзывает с его мизинца. Аладдин быстро вынул руку из воды и увидел на мизинце кольцо, которое дал ему магрибинец и о котором он совсем забыл.

Аладдин потер кольцо, и тотчас явился перед ним джинн Дахнаш, сын Кашкаш а, и сказал:

— О владыка кольца, я перед тобой. Чего ты хочешь? Приказывай.

— Хочу, чтоб ты перенес мой дворец на прежнее место, — сказал Аладдин.

Но джинн, слуга кольца, опустил голову и ответил:

— О господин, мне тяжело тебе признаться, но я не могу этого сделать. Дворец построен рабом лампы, и только он один может его перенести. Потребуй от меня что-нибудь другое.

— Если так, — сказал Аладдин, — неси меня туда, где находится сейчас мой дворец.

— Закрой глаза и открой глаза, — сказал джинн.

И когда Аладдин закрыл и снова открыл глаза, он увидел себя в саду, перед своим дворцом.

Он взбежал наверх по лестнице и увидел свою жену Будур, которая горько плакала. Увидев Аладдина, она вскрикнула и заплакала еще громче — теперь уже от радости. Успокоившись немного, она рассказала Аладдину обо всем, что с ней произошло, а затем сказала:

— Этот проклятый магрибинец приходит ко мне и уговаривает меня выйти за него замуж и забыть тебя. Он говорит, что султан, мой отец, отрубил тебе голову и что ты был сыном бедняка, так что о тебе не стоит печалиться. Но я не слушаю речей этого злого магрибинца, а все время плачу о тебе.

— А где он хранит волшебную лампу? — спросил Аладдин, и Будур ответила:

— Он никогда с ней не расстается и всегда держит ее при себе.

— Слушай меня, о Будур, — сказал Аладдин. — Когда этот проклятый опять придет к тебе, будь с ним ласкова и приветлива и обещай ему, что выйдешь за него замуж. Попроси его поужинать с тобою и, когда он начнет есть и пить, подсыпь ему в вино вот этого сонного порошка. И когда магрибинец уснет, я войду в комнату и убью его.

— Мне будет нелегко говорить с ним ласково, — сказала Будур, — но я постараюсь. Он скоро должен прийти. Иди, я тебя спрячу в темной комнате, а когда он уснет, я хлопну в ладоши, и ты войдешь.

Едва Аладдин успел спрятаться, в комнату Будур вошел магрибинец. На этот раз она встретила его весело и приветливо сказала:

— О господин мой, подожди немного, я принаряжусь, а потом мы с тобой вместе поужинаем.

— С охотой и удовольствием, — сказал магрибинец и вышел, а Будур надела свое лучшее платье и приготовила кушанья и вино.

Когда магрибинец вернулся, Будур сказала ему:

— Ты был прав, о господин мой, когда говорил, что Аладдина не стоит любить и помнить. Мой отец отрубил ему голову, и теперь нет у меня никого, кроме тебя. Я выйду за тебя замуж, но сегодня ты должен исполнять все, что я тебе скажу.

— Приказывай, о госпожа моя, — сказал магрибинец, и Будур стала его угощать и поить вином и, когда он немного опьянел, сказала ему:

— В нашей стране есть обычай: когда жених и невеста едят и пьют вместе, то последний глоток вина каждый выпивает из кубка другого. Дай же мне твой кубок, я отопью из него глоток, а ты выпьешь из моего.

И Будур подала магрибинцу кубок вина, в который она заранее подсыпала сонного порошка. Магрибинец выпил и сейчас же упал, как пораженный громом, а Будур хлопнула в ладоши. Аладдин только этого и ждал. Он вбежал в комнату и, размахнувшись, отрубил мечом голову магрибинцу. А затем он вынул у него из-за пазухи лампу и потер ее, и сейчас же появился Маймун, раб лампы.

— Отнеси дворец на прежнее место, — приказал ему Аладдин.

Через мгновение дворец уже стоял напротив дворца султана, и султан, который в это время сидел у окна и горько плакал о своей дочери, чуть не лишился чувств от изумления и радости. Он сейчас же прибежал во дворец, где была его дочь Буду р. И Аладдин с женой встретили султана, плача от радости.

И султан попросил у Аладдина прощения за то, что хотел отрубить ему голову, и с этого дня прекратились несчастья Аладдина, и он долго и счастливо жил в своем дворце вместе со своей женой и матерью.

БЕДУИН И АРАБ

Один человек отправился в странствие по торговым делам. Но счастье не сопутствовало ему, и он решил вернуться домой. В дороге он вынул сумку с пищей и остановился поесть. Мимо проходил голодный бедуин. Он поклонился арабу и сказал:

—Я из твоей страны, а иду в Ирак.

Тот спросил:

— Нет ли у тебя известий о моей семье?

— Есть,—ответил бедуин.

— Как здоровье моего сына?

— Он в добром здравии, слава Аллаху.

— А его матери?

— Ее здоровье так хорошо, что лучшего и желать не приходится.

— А как мой дом?

— О, он великолепен, как тебе известно.

— А как ты нашел моего верблюда?

— Очень упитанный верблюд.

— А как собака?

— Как всегда, стережет дом.

Выслушав все это, купец повеселел и. продолжал свою трапезу, не предложив ничего бедуину, принесшему радостные вести.

Вдруг вдалеке показался дикий козел и тотчас же снова скрылся в песках.

Бедуин решил прибегнуть к хитрости, чтобы заставить араба дать ему что-нибудь поесть, и заметил:

— Благополучие проходит быстро и исчезает навсегда, как этот козел. То, что я рассказал тебе о твоей семье, о твоем доме и имуществе,— все это правда. Но так было вчера. А сегодня... Этот козел не убежал бы, если бы твоя собака была жива.

— А разве она издохла? — заволновался араб.

— Да, она объелась мясом твоего верблюда,— ответил бедуин.

— Что ты говоришь! Разве верблюда тоже нет?

—Да. Его закололи на похоронах твоей жены.

— Моя жена умерла?

— Покончила с собой от тоски по твоему сыну.

— Как, и сын мой умер? Будь ты проклят!

— Увы, крыша твоего дома упала и придавила его.

Тут араб уже не выдержал, закричал, бросился к верблюду, вскочил на него и умчался, позабыв о своей сумке с остатками еды.

Бедуин взял сумку, съел все, что в ней было, и сказал:

— Вот радости-то будет у араба, когда он приедет домой...

ВОЛК, ЛИСА И СОБАКА

Однажды лиса забралась в курятник, наелась там вволю и быстро убежала, пока хозяйка ничего не заметила.

Но тут лиса почувствовала сильную жажду; она стала искать, где бы напиться, но нигде не могла найти ни капли воды. Едва не умирая от жажды, бродила она повсюду, пока наконец не наткнулась на колодец. Без раздумий лиса прыгнула в привязанное к нему ведро, надеясь найти в нем хоть немного воды. Но ведро под тяжестью ее тела стало падать на дно колодца, поднимая другое ведро наверх.

В ту пору мимо проходил волк. Он увидел на дне колодца лису и спросил ее:

— Как это тебя угораздило свалиться туда, сестрица?

— Я увидела туг много рыбы, братец, и спустилась половить. Если не веришь, иди сюда и ты увидишь это собственными глазами. О братец, какая это сытная и нежная пища!

— Что случилось, сестрица? Первый раз ты приглашаешь меня покушать. Такого еще никогда не бывало. Коварная лиса возразила:

— Если ты сомневаешься в том, что я говорю правду, друг мой, посмотри на дно ведра и ты увидишь большую рыбину.

Волк поверил лисе и прыгнул в ведро. Оно стало быстро спускаться, а другое ведро, с лисицей, начало подниматься наверх. Когда ведра поравнялись, волк увидел, что лиса поднимается наверх, и спросил изумленно:

— Куда же ты?

— Такова уж наша жизнь, она как лестница: один поднимается, другой опускается,— коварно ответила лиса.

В тот самый момент, когда волк опустился на дно колодца, лиса благополучно выпрыгнула из своего ведра на землю. Довольная своей хитростью, она совсем уж было собралась убежать, как вдруг увидела собаку, преградившую ей путь.

— Куда это ты? — спросила собака.— Что ты здесь делала?

— Я отомстила за тебя волку,— ответила лиса и принялась хвастливо рассказывать, как она провела волка.

— Ты поступила хорошо,— сказала собака,— волк заслуживает смерти. Но знаешь, я не люблю обман и ненавижу обманщиков, ты должна получить по заслугам.

Тут собака бросилась на лису, схватила ее за горло и задушила.

ВОЛШЕБНАЯ КОРОБОЧКА

Давным-давно в одном городе на базарной площади каждый день появлялся слепой нищий и кричал заунывным голосом:

— Пусть каждый подаст мне милостыню и ударит по лицу! Прошу каждого дать мне милостыню и пощечину! Сейчас я расскажу историю, как жадность к богатству ослепила мои глаза и я перестал видеть белый свет...

И слепой рассказал такую историю:

— Меня зовут Абдулла, и родом я из Багдада. После смерти отца получил я немалое наследство, но был неразумен, ленив и быстро промотал все свое добро. Жена уговорила меня купить на последние деньги пару верблюдов. Стал я перевозить грузы и так жить. Понемножку копил деньги, стал богатеть, и через несколько лет в моем караване было уже восемьдесят верблюдов. Я перевозил товары из Багдада в Барсу и в другие большие города.

Однажды возвращался я с караваном домой в Багдад и на полпути остановился отдохнуть. Спутал я верблюдов и пустил их пастись, а сам присел под деревом ужинать. Вдруг откуда-то появился карлик. Он подошел ко мне, и мы поздоровались. Карлик присел рядом со мной и спросил, откуда я и куда держу путь. Я ему ответил и поделился с ним ужином. Так мы сидели под деревом и разговаривали.

Вдруг карлик сказал:

"Я знаю в горах место, где спрятан огромный клад. Если нагрузить всех твоих верблюдов золотом и всякими драгоценностями, и то не заметишь убыли: там нет числа сокровищам".

Услышал я эти слова карлика и страстно захотел овладеть сокровищами. И я стал просить карлика:

"Покажи мне это место, и я дам тебе одного верблюда. Нагружай его драгоценностями и вези куда хочешь".

"Ты дешево хочешь получить такое несметное богатство, — ответил карлик. — Вот если отдашь мне половину своих верблюдов, тогда я отведу тебя и покажу сокровища".

"Если отдам ему сорок верблюдов, а остальные сорок нагружу золотом для себя, и то будет очень хорошо, — подумал я. — Шутка ли, без труда получить такое огромное богатство!" И я пообещал отдать карлику сорок верблюдов.

Вот мы собрали своих восемьдесят верблюдов в один караван и тронулись в путь. Скоро мы достигли горы и вступили в глубокое, мрачное ущелье. Такое оно было узкое, что верблюды с трудом могли пробираться там, да и то гуськом. Карлик шел впереди. Вдруг он остановился и сказал:

"Вот мы и пришли. Усади своих верблюдов на землю и приготовь их для погрузки".

Я сделал так, как велел карлик. Тогда он прошел еще немного вперед и остановился у высокой скалы. Потом собрал охапку хвороста и поджег его. Когда костер разгорелся, карлик бросил в огонь какой-то порошок и тихо произнес несколько слов. Вдруг земля под ним задрожала, как при землетрясении, раздался страшный треск, и в скале подле того места, где горел костер, появилась глубокая трещина.

"Иди за мной", — сказал карлик.

Мы вошли в трещину и очутились в огромной пещере. Что увидели там мои глаза! Кучи золотых монет, сундуки драгоценных металлов... Клянусь своей жизнью, сокровищам не было конца!

Я стал как безумный хватать драгоценности и золотые монеты и набивать свои карманы. Но карлик велел мне скорее выносить сундуки и мешки и грузить на верблюдов.

Когда мы нагрузили всех верблюдов, карлик достал из одного сундука какую-то маленькую серебряную коробочку, осмотрел ее и бережно положил себе в карман. Потом он взял меня за руку и вывел из пещеры. Только мы вышли, карлик произнес опять заклинание. Земля дрогнула, трещина сомкнулась — и перед нами была только высокая скала.

Верблюды с трудом поднялись — так тяжела была кладь. Скоро мы выбрались из ущелья и вышли на дорогу.

"Прощай и будь счастлив. Теперь ты самый богатый человек", — сказал карлик.

Он отсчитал сорок верблюдов и пошел в сторону Басры. А я повернул остальных сорок верблюдов в родной Багдад.

Шагнул я было вперед и остановился. Жадность когтями сжала мое сердце: "Я отдал карлику сорок моих верблюдов да еще сокровища. Зачем я это сделал? Я ограбил сам себя, несчастный! На что карлику такое богатство. Может быть, я сам когда—нибудь нашел бы это ущелье и этот клад, и тогда все сокровища достались бы мне одному".

И мне так стало жаль своих верблюдов и сокровищ, что я не выдержал и побежал догонять карлика.

"О великий карлик! — сказал я ему. — Ты одинокий странник, зачем тебе столько верблюдов? Ты не справишься с ними. Лучше отдай мне десять обратно, хватит тебе и тридцати. Я всю жизнь буду помнить твое добро".

Карлик молча отсчитал мне десять верблюдов, а остальных погнал дальше своей дорогой.

Теперь у меня было пятьдесят верблюдов, нагруженных золотом и драгоценностями, и я был счастлив. Но не успел пройти и пятнадцати шагов, как жадность снова стала терзать меня: "Почему я не попросил у него сразу двадцать или тридцать верблюдов! Может быть, он и уступил бы мне их. Зачем ему эти богатства?"

И я снова пустился бежать за карликом, догнал его и сказал:

"Ведь ты не забыл, что эти верблюды — мои? Я знаю все их повадки и умею управлять ими. А тебе будет трудно справиться с ними. Лучше отдай мне еще двадцать из них. Хватит тебе и десяти верблюдов".

Карлик ничего не сказал и отдал мне еще двадцать верблюдов, а остальные десять повел с собой.

Но жадность овладевала мной все больше и больше. Я стал просить его отдать мне и остальных десять верблюдов.

Карлик не сказал ни слова и отдал последних верблюдов.

Теперь я собрал всех своих верблюдов, поставил по порядку и, совсем счастливый, собрался идти в Багдад. Вдруг я вспомнил про ту серебряную коробочку, которую карлик положил в карман, и подумал: "Карлик без спора отдал мне сорок верблюдов с драгоценностями, не взять ли у него и эту коробочку? На что она ему? А мне пригодится — ведь она тоже денег стоит".

Но не тут-то было! Карлик коробочку не отдал. Сколько я ни просил его, он говорил "нет", и все тут. Мне все больше и больше хотелось получить эту коробочку, а карлик уже не слушал меня, молча повернулся и пошел своей дорогой.

Тут я подумал: "Глупец я! Неспроста карлик отдал сорок верблюдов с драгоценностями; он взял себе самое дорогое — эту коробочку. Должно быть, в ней скрыты все сокровища мира!"

У меня от жадности помутился разум. Я бросился за карликом, схватил его и пригрозил:

"Отдавай коробочку, карлик, не то возьму ее силой!"

Карлик увидел, что я могу убить его, подал мне серебряную коробочку и хотел уйти. Но я не отпустил его и спросил:

"Скажи, что же скрыто в этой коробочке? Чем она дорога?"

"В этой коробочке заключено драгоценное вещество. Если уметь им пользоваться, то будешь видеть все клады", — ответил карлик.

Тогда я стал просить карлика показать мне, как нужно пользоваться тем веществом. Карлик долго молчал, а я требовал и грозил. Наконец он открыл коробочку, погрузил в нее два своих пальца, быстро вынул их, что-то прошептал и провел ими по моему правому веку.

И вдруг горы вокруг как бы раскрылись передо мною, и я увидел, где лежит золото, где серебро, где алмазы и разные драгоценности. Теперь я мог собрать все богатства мира, но и этого было мало.

"Намажь мне и левое веко", — приказал я карлику.

"Нельзя, — сказал карлик, — ты ослепнешь навсегда, если еще раз помажешь глаз этим веществом".

Но я не поверил карлику — я подумал, что он обманывает меня, хочет скрыть от меня что-то очень важное.

"Если ты не сделаешь этого, я убью тебя!" — закричал я в ярости.

"Хорошо, я исполню твою просьбу. Но за то, что случится после этого, ты будешь расплачиваться сам", — ответил карлик и прикоснулся волшебным веществом к моему левому глазу.

Только он сделал это, как вдруг все вокруг погрузилось в непроглядную тьму. Я ослеп.

Когда я понял это, я бросился к ногам старца, рыдал и умолял его: "Возьми себе всех верблюдов, все сокровища и эту коробочку с чудодейственным веществом, только прости меня и верни мне зрение!"

"Жалкий человек! — сказал старец. — Ты не послушал меня, а теперь уже никто не может помочь тебе. Всю жизнь ты будешь оплакивать тот день, когда жадность ослепила тебя".

После этого карлик забрал всех верблюдов с драгоценностями и ушел.

Я долго кричал, рыдал и умолял карлика вывести меня на главную дорогу, где бы я мог пристать к какому—нибудь проходившему каравану, но карлик не слышал меня.

Долго скитался я, голодный, оборванный, в горах, пока не выбрался на большую дорогу. Потом мне удалось примкнуть к проходившему каравану, и я, слепой нищий, с тех пор брожу по свету и прошу милостыню.

И я дал клятву себе вместе с милостыней просить и пощечину в наказание за мою жадность.

ЗАЯЦ, КОТОРЫЙ ПОБЕДИЛ КИТА И СЛОНА

Однажды вечером заяц отправился на берег моря. Он стал обнюхивать водоросли и с удовольствием поедать нежные зеленые листья. Вдруг он увидел неподалеку слона и кита, которые вели какую-то серьезную беседу. Заяц спрятался за большим камнем и прислушался к их разговору.

— Брат мой, слон,— важно говорил кит,— ты самый большой и самый сильный из всех зверей на суше, а я больше и сильнее всех в море. Почему бы нам не объединиться и не стать владыками над всеми обитателями суши и моря? Тогда никто не смог бы ни напасть на нас, ни противиться нашей воле.

Слону очень понравились слова кита. Он представил себя могущественным владыкой, которого все боятся, желания которого все выполняют.

— Это замечательная мысль,— сказал он.— Пусть так и будет.

Слон и кит удалились, а заяц остался один и принялся размышлять: "Эти двое хотят силой захватить власть над всеми животными. Так не бывать же этому. Я докажу, что они совсем не так сильны, как воображают, и что мы, зайцы, никогда не подчинимся им".

Глубоко задумавшись, заяц пошел обратно в лес. Он придумал, как нарушить союз двух великанов и сохранить всем животным свободу. Собрав своих друзей, заяц рассказал им о том, что услышал, и попросил у них помощи. Пусть они достанут ему крепкую длинную веревку, и тогда все увидят, что он сделает.

Зайцы сплели веревку, положившись во всем на своего товарища и предоставив ему поступать как он хочет.

Тот отправился к киту и сказал скромно и вежливо:

— О владыка, самый сильный и могущественный среди обитателей моря! Не соблаговолишь ли ты помочь слабому?

— Говори, маленький и слабый,— с достоинством произнес кит.

— Моя корова завязла в глине, и я не могу вытащить ее — ведь я маленький и слабый. Не позволишь ли ты привязать веревку к твоему сильному хвосту?

Кит подумал немножко и ответил:

— Хорошо. Привяжи.

Заяц привязал конец веревки к хвосту кита и сказал:

— Теперь, мой господин, я пойду и привяжу другой конец к шее коровы. Когда ты услышишь мой сигнал — тяни что есть силы.

Затем заяц побежал к слону и остановился перед ним, почтительно склонив голову. Он и слону рассказал историю о корове и спросил с надеждой:

— Может быть, ты соблаговолишь помочь слабому, который стоит перед тобой, и спасешь его корову? Ведь, кроме нее, у меня ничего нет.

— Что я должен сделать для этого, о слабый и маленький? — спросил слон.

— Позволь мне привязать конец веревки к твоему сильному хоботу,— попросил заяц.— Тебе достаточно дернуть разок, чтобы вытащить корову из трясины.

Слон согласился и приготовился тянуть веревку по первому знаку.

Заяц побежал, собрал своих товарищей, поднялся на высокий холм, находившийся на равном расстоянии между слоном и китом, и затрубил в рог.

И тут он и его товарищи увидели необыкновенную картину: слон стал тащить в одну сторону, а кит — в другую. Веревка натянулась, и ни один из них не мог сдвинуться с места.

Оба силача забеспокоились.

— Какая тяжелая эта корова,— проворчал слон.— Можно подумать, что я вырываю с корнем дерево.

Он привалился спиной к стволу большой пальмы и, издав громогласный рев, потянул еще сильнее. А кит, почувствовав это, подумал: "Не иначе, как проклятая корова хочет опуститься под землю. Но ей не уйти от меня".

Он погрузился глубже в воду и резко дернул веревку.

Так каждый из них упорно тянул в свою сторону, а зайцы весело смеялись, наблюдая, как великаны задыхаются от гнева и бешенства.

Но вот слон несколько раз обмотал веревку вокруг хобота, сильно рванул ее и вытянул кита из воды. Тогда кит поднатужился и опять погрузился в морские глубины.

Так повторялось много раз, и с каждым разом усилия обоих становились все упорнее.

Наконец они оказались на берегу и столкнулись друг с другом. Каждый с удивлением смотрел на другого, не веря своим глазам.

— Так это ты тянул меня? — проревел слон. А кит закричал возмущенно:

— Ты думаешь, что ты сильнее меня? Ну, так я докажу, что найдутся и посильнее тебя.

И, разгневанные, они снова с яростью начали тянуть веревку. Но это продолжалось недолго. Зайцы услышали вдруг страшный треск — веревка разорвалась на две части. Кит плюхнулся в море, как большой камень, свалившийся с высоты, а слон покатился, словно мячик, отброшенный ногой. Так они и расстались, преисполненные злобы и ненависти друг к другу, чувствуя стыд и неловкость. С тех пор они никогда больше не встречались.

А зайцы получили большое удовольствие, оказавшись свидетелями этого необыкновенного зрелища — позорного поражения двух великанов, которые собирались господствовать над всеми животными.

ЗЛОЙ ВОЛШЕБНИК

Жил-был царь. Хотя он и был женат, детей у него не было. Однажды вызвал он магрибинца, и тот сказал:

— Если я дам тебе средство, чтобы у твоей жены рождались дети, ты отдашь мне своего первенца?

Царь ответил:

— Хорошо.

Тогда магрибинец дал ему две конфеты — одну зеленую, другую красную — и сказал:

— Ты съешь зеленую, а жена твоя пусть съест красную.

Царь отдал красную конфету жене. Она съела ее, забеременела и родила мальчика, которого назвали Умным Мухаммедом. Он был смышленым, способным к наукам и к тому же имел красивый голос.

Потом царица родила второго сына, неловкого и неумного; его назвали Умным Али; а потом родился и третий: тот был и вовсе глупым.

Через десять лет к царю пришел магрибинец и сказал:

— Отдай мне обещанного сына.

Царь отправился к жене:

— Пришел магрибинец за нашим первенцем.

— Ни за что не отдам его, — сказала мать. — Лучше пусть заберет Али.

— Хорошо, — ответил царь.

Он позвал Али и передал его магрибинцу. Тот взял мальчика и отправился с ним в путь. Шли они горной дорогой до полудня; тут магрибинец спросил Али:

— Не голоден ли ты и не хочешь ли пить?

— Мы идем уже полдня. Как же тут не проголодаться и не захотеть пить?

— ответил мальчик.

Магрибинец взял его за руку, отвел назад к царю и сказал:

— Нет, это не первенец!

Тогда царь позвал всех троих сыновей. Магрибинец протянул руку и указал на Умного Мухаммеда.

Прошли они путь в половину дня, и магрибинец сказал Мухаммеду:

— Не голоден ли ты и не хочешь ли пить?

— Если ты хочешь есть и пить, то хочу и я, — ответил тот.

— Да, ты мой сын! — воскликнул магрибинец.

Он топнул ногой и спустился вместе с Умным Мухаммедом под землю.

Этот магрибинец был злым волшебником. Спустившись под землю, он привел мальчика во дворец, стоявший среди сада, принес ему какую-то книгу и сказал:

— Читай!

Умный Мухаммед взял книгу, но не мог понять в ней ни слова. А магрибинец сказал ему:

— Если ты не выучишь эту книгу наизусть за тридцать дней, я отрублю тебе голову.

Затем он оставил его и ушел. Двадцать девять дней сидел над книгой Умный Мухаммед и не мог разобрать ни слова. Тогда он подумал: "Завтра я умру; пойду прогуляюсь перед смертью по саду".

Он вышел в сад и увидел там девушку, привязанную за волосы к дереву.

— Кто тебя привязал? — спросил он.

— Волшебник—магрибинец, — ответила девушка.

— А за что?

— За то, что я выучила наизусть книгу колдовства.

Тогда Умный Мухаммед отвязал девушку и сказал:

— Мне он тоже дал книгу, чтобы я выучил ее за тридцать дней; но я не выучил, и вот завтра я умру.

— Я помогу тебе, — сказала девушка, — но, когда магрибинец придет к тебе, скажи, что ты ничего не смог выучить.

И она стала учить его по книге колдовства, а потом сказала:

— Теперь снова привяжи меня за волосы.

Умный Мухаммед привязал ее, и они расстались. К концу следующего дня магрибинец пришел к Умному Мухаммеду и спросил:

— Ты выучил книгу?

— Я не понял в ней ни слова, — ответил юноша.

Тогда магрибинец вытащил свой нож, отрезал Мухаммеду правую руку и сказал:

— Даю тебе отсрочку еще на тридцать дней; если не выучишь книгу наизусть, я отрублю тебе голову.

— Хорошо, — ответил Мухаммед.

Когда магрибинец ушел. Умный Мухаммед прочитал три слова из книги колдовства, и рука его приросла к своему месту. Он снова отправился к девушке, отвязал ее, и они стали прогуливаться по саду. И тут они вдруг нашли три потерянных листка из книги колдовства, которые магрибинец вот уже сорок лет тщетно разыскивал. Умный Мухаммед прочитал их, и они с девушкой сумели подняться на поверхность земли. Мухаммед привел двух коней, на одного из них он сел сам, а на другого села девушка.

— Ты поезжай к своим родителям, а я поеду к своим, — сказал Мухаммед.

Он приехал домой и постучал в дверь. Мать отворила ему, обрадовалась, и они пробеседовали до утра. А утром он сказал ей:

— Матушка! Я дам тебе ягненка; продай его, но ни за что не продавай веревку, которая будет на нем.

Мать взяла ягненка и пошла на базар. К ней обратился хозяин кофейни, торговец лекарствами.

— Женщина, ты продаешь ягненка?

— Покупай его, но только веревку я не продам, — ответила она.

— Хорошо. Продашь его за три серебряных монеты?

— Ладно, да пошлет Аллах тебе удачу, — ответила женщина.

Торговец лекарствами, довольный, взял ягненка.

— Отведу—ка я его в подарок царю, — сказал он.

И люди, которые сидели в кофейне, одобрили слова торговца:

— Правильно, это подарок, достойный царя.

Торговец лекарствами принес тарелку с водой напоить ягненка. Ягненок поставил в тарелку передние ноги. Торговец ударил его. Ягненок поднял задние ноги, погрузился в воду — и исчез. Торговец всплеснул руками:

— Ах! Ягненок утонул в тарелке!

Люди подумали, что торговец сошел с ума:

— Нужно его отправить в сумасшедший дом!

А магрибинец между тем отправился туда, где оставил Умного Мухаммеда. Но он не нашел ни его, ни девушки и сказал:

— Клянусь Аллахом! Будь он хоть на седьмой земле, я приведу его.

И магрибинец отправился в город, где жил Умный Мухаммед. Там он услышал людские толки о ягненке, утонувшем в тарелке. "Не иначе как это проделки Умного Мухаммеда, — подумал магрибинец. — Нужно остаться здесь и подкараулить его".

А хитроумный Мухаммед на другой день позвал свою мать и сказал ей:

— Я дам тебе верблюда, продай его на базаре, но ни за что не продавай вместе с ним и повода, даже если бы тебе дали за него четыре тысячи золотых монет.

Мать обернулась и увидела перед собой верблюда. Она взяла его за повод, привела на базар и поручила перекупщику. А магрибинец стоял в это время на базаре и все видел.

Когда верблюд был передан, магрибинец обратился к перекупщику:

— Мне нужен этот повод. Купи для меня верблюда, если пожелает Аллах, за двадцать тысяч золотых монет. Я возьму только повод, а верблюда отдам тебе.

Перекупщик отправился к матери Умного Мухаммеда:

— Продашь верблюда за четыре тысячи золотых монет?

— Да откроет Аллах врата прибыли, — возразила она.

— А за пять тысяч продашь его? — спросил перекупщик.

— Хорошо, да пошлет Аллах тебе удачу. Но знай, что повод с верблюдом я продать не могу.

— На что тебе этот кусок веревки? — спросил перекупщик. — Возьми за него еще тысячу золотых монет и продай.

Мать Умного Мухаммеда обрадовалась, что может получить такое богатство, и согласилась.

Магрибинец взял верблюда, отдал его перекупщику, а повод выдернул и положил к себе в сумку. Он поскакал в степь, радуясь, что Умный Мухаммед теперь у него в руках.

Но Умный Мухаммед обернулся вороном и взлетел ввысь. Тогда магрибинец превратился в коршуна и помчался за ним. Так летали они два дня и две ночи. Магрибинец стал нагонять Умного Мухаммеда. Но тот увидел внизу какой-то сад, спустился и обернулся гранатом на высоком дереве.

А сад этот принадлежал султану, отцу той девушки, которую освободил Мухаммед. Магрибинец отправился к султану:

— Я прошу у тебя один гранат. Болен близкий мне человек, и он просит гранатовых плодов. А мне сказали, что их нет нигде, кроме как в твоем саду.

— Разве сейчас время для гранатовых плодов? — спросил султан.

Магрибинец ответил:

— О султан! Если не найдешь в твоем саду хоть одного граната, пусть падет моя голова.

Тогда султан позвал главного садовника и спросил:

— Правда ли, что у тебя есть гранаты?

— О господин! Разве сейчас время для гранатовых плодов? — изумился садовник.

— Пропала твоя голова, — сказал султан магрибинцу.

Но тот возразил:

— Прикажи садовнику обойти сад и поискать на деревьях.

По приказанию султана садовник отправился в сад. На одном из деревьев он увидел большой гранат, срезал его, принес и отдал султану.

Тот посмотрел на красивый плод и усомнился, стоит ли отдавать его. Он позвал визиря:

— Мне не хотелось бы отдавать этот гранат магрибинцу.

— А если бы в саду не нашлось граната, разве ты не отрубил бы голову магрибинцу? — спросил визирь.

— Да, отрубил бы, — отвечал султан.

— Значит, гранат принадлежит ему по праву, — сказал визирь.

И султан отдал гранат магрибинцу.

Но не успел магрибинец взять его, как гранат раскололся и все зерна рассыпались в разные стороны. Магрибинец тотчас обернулся петухом и стал клевать зерна одно за другим. Султан и визирь глядели на все это с изумлением.

А Умный Мухаммед спрятался в зернышко, которое закатилось под ножку трона. Магрибинец продолжал клевать зерна, пока не склевал их все. Наконец он увидел и последнее зерно, в котором была жизнь Мухаммеда, и уже вытянул шею, чтобы схватить его, но зерно вдруг превратилось в кинжал. Кинжал ударил петуха в грудь и рассек ее пополам.

Тут Умный Мухаммед принял свой прежний облик и предстал перед султаном.

— Расскажи, что тут произошло? — спросил султан.

И Умный Мухаммед поведал ему всю историю от начала до конца и сказал:

— Это я развязал волосы твоей дочери и освободил ее.

Султан позвал свою дочь.

— Дочь моя, знаешь ли ты этого человека? — спросил он.

Девушка ответила:

— Да, это Умный Мухаммед, который развязал мои волосы.

— Если он твой спаситель, ты должна выйти за него замуж, — решил султан.

Он приказал составить брачный договор, и все веселились целых сорок дней.

А Умный Мухаммед и дочь султана стали жить счастливо и растить сыновей и дочерей.

КАК ЛИСА ПЕРЕХИТРИЛА ЛЬВА

Однажды вечером лиса, почувствовав голод, вышла из своей норы и стала бродить по лесу в поисках какой-нибудь пищи. Она ходила до тех пор, пока не устала, но ничего съедобного так и не нашла.

Лиса вспомнила, что у нее ни крошки во рту не было со вчерашнего дня, и сердце ее преисполнилось гневом ко льву, который лишил ее вкусной пищи. Вчера она пробралась в деревню, что неподалеку от леса, украла там утку и могла бы убежать с ней, но вдруг услышала рев льва. Пришлось ей бросить утку и спасаться бегством.

Да, если бы не лев, она вкусно пообедала бы. Ярость ослепила ее. Она шла, не различая пути, и вдруг увидела перед собой льва. Лиса задрожала, страх охватил ее, но она овладела собой и сказала:

— Лев, беги скорее, спасайся: скоро начнется буря!

— Я очень тяжелый,— ответил лев,— мне буря не страшна.

— Что же ты станешь делать? Ветер будет очень сильный.

— Я лягу на землю.

— Это не помешает буре унести тебя.

— Я стану держаться за ствол дерева.

— Ветер будет дуть несколько дней. Ты не сможешь держаться за ствол дерева так долго.

Тогда лев, не на шутку испугавшись, закричал:

— Если так, скажи, что мне делать!

— Давай я привяжу тебя к дереву, и самый сильный ветер будет не страшен тебе,— предложила коварная лиса.

— Прекрасная мысль, — согласился лев. Привязав льва к дереву, лиса уселась на камешек неподалеку.

— Что же ты сама не ищешь убежища, чтобы спастись от бури? — спросил ее лев.

— Потому что никакой бури не будет,— спокойно ответила лиса.

Лев страшно разгневался и громко заревел. Тотчас же собрались разные звери.

Увидев льва, привязанного к дереву, и лису, спокойно сидящую рядом, они удивились и спросили, что это значит.

— Это я привязала его,— объяснила лиса,— в отместку за то, что он вчера лишил меня ужина. Это должно послужить уроком всем вам. Пусть сильный поостережется нападать на слабого.

И она начала гордо и важно прохаживаться, а все звери смотрели на нее со страхом и почтением.

КОШКА И МЫШЬ

Рассказывают, что в древние времена кошка и мышь были закадычными друзьями. Они беззаботно жили на одном из островов. Там было много птиц, которыми питалась кошка, а мышь кормилась орехами и плодами каштанов. Однажды мышь сказала кошке:

— Мне надоело торчать на этом острове. Как ты думаешь, не переселиться ли нам на берег?

— А как мы переплывем море? — спросила кошка.

— Это нетрудно,— ответила мышь.— Сделаем лодку из дерева.

Она притащила большой кусок дерева, пустила в ход свои зубы и выгрызла углубление, в котором они с кошкой могли поместиться. Затем друзья сели в эту маленькую лодочку и пустились в плавание.

В пути они вдруг почувствовали голод. Но еды у них не было. Каждая сидела, сжавшись в комочек, в своем углу и пыталась уснуть. Наконец кошка задремала. А мышь продолжала бодрствовать. Чтобы утолить голод, она стала грызть дно лодки. Всякий раз, когда кошка раскрывала глаза, мышь притворялась спящей. Так она грызла дно до тех пор, пока не продырявила его. Вода начала просачиваться внутрь, и лодка стала медленно погружаться.

Скоро друзья оказались в воде. А так как кошка очень не любила воду, она разгневалась на свою приятельницу и закричала:

— Я тебя съем!

— Потерпи, пока выберешься из воды, не то она увлечет тебя в свою пучину. Успеешь еще съесть меня,— ответила мышь.

Когда они выбрались на берег, кошка сказала:

— Вот теперь-то уж я тебя съем.

— Подожди, я обсохну: ты не сможешь переварить мое мясо, пока я такая мокрая.

Тут мышь воспользовалась оплошностью кошки и скрылась в маленькую норку.

Напрасно пыталась кошка пролезть вслед за ней.

— Я буду ждать, пока ты не выйдешь, обманщица! — крикнула она мыши.

— Долго же придется тебе ждать,— ответила та.— Я никогда отсюда не выйду.

Кошка уселась у входа в нору, поджидая, когда оттуда покажется мышь, а мышь в это время принялась копать землю. Она проделала под землей длинный ход, вышла с другого его конца и была такова.

С тех пор кошка разучилась спать глубоким сном. По ночам она прислушивается, как скребется мышь, и часами стережет ее у входа. А мышь никогда не вылезет из норы, если заметит кошку, сидящую в засаде.

КТО СИЛЬНЕЕ

Птица ткач поймала червя.

— Отпусти меня, — взмолился он.

— Нет, я съем тебя, потому что я сильнее, — ответила птица.

Спустя некоторое время ее схватил ястреб и отнес в свое гнездо на вершине дерева.

— Смилуйся, освободи меня, — стала просить птица.

— Нет, я съем тебя, потому что я сильнее, — ответил ястреб.

Он убил ее и начал есть. Но тут появился гриф. Схватив ястреба, он воскликнул:

— Хвала всевышнему, я нашел еду!

— Прошу тебя, сжалься надо мной, — взмолился ястреб.

— Ты хочешь, чтобы я оставил тебе жизнь и лег спать голодным? Нет, я съем тебя, потому что я сильнее, — сказал гриф и убил его.

А в это время к дереву подкрался охотник, и его стрела поразила грифа.

— Теперь ты умер и стал тем же, что и те, кого ты превосходил силой, — сказал охотник.

ЛЕНИВЫЙ МАСТЕР

У одного человека к большой его радости родился сын. И он решил купить младенцу колыбель. Он отправился к плотнику, дал ему риал и сказал:

— Сделай для моего сына колыбель. Плотник ответил:

— Хорошо, приходи в будущую пятницу и бери ее. Дело было в четверг, значит, заказчику нужно было явиться через восемь дней. В пятницу он пришел к мастеру:

— Давай колыбель.

— Еще не готова,— ответил тот.

Так плотник тянул и медлил, пока ребенок не стал ходить, потом вырос большим, потом женился, и родился у него сын. Молодой отец сказал старику:

— Хочу купить сыну колыбель.

— Пойди к такому-то плотнику,— ответил тот,— вот уже двадцать лет прошло, как я заказал ему колыбель. Получи ее.

Сын отправился к плотнику:

— Давай колыбель, которую заказал тебе мой отец и за которую ты получил риал.

— Возьми свой риал,— ответил плотник,—не хочу я спешить с этим делом.

НИЩИЙ И СЧАСТЬЕ

Однажды вечером нищий возвращался к себе домой. Проклиная свою судьбу, он горько жаловался:

— Счастье... Где оно, Счастье? Будь проклято это Счастье!

Судьба захотела, чтобы Счастье откликнулось и пришло послушать его жалобы и стенания. И вот, едва лишь нищий произнес эти слова, Счастье схватило его за руку и сказало:

— Иди ко мне. Не бойся. Я — твое Счастье.

Счастье подняло его в воздух и унесло далеко-далеко; потом оно опустило его у входа в пещеру и промолвило:

— Там, внутри пещеры, скрыты все сокровища мира. Спустись и возьми себе, что захочешь. Но не бери слишком много. Пусть твоя ноша будет легкой, чтобы ты смог дотащить ее до дому. Дорога предстоит длинная и трудная, и ты пойдешь один, без попутчика. Если уронишь ношу на землю, навсегда потеряешь ее. Будь благоразумным и не жадничай.

Так сказало Счастье и скрылось. Нищий спустился в пещеру, и у него разбежались глаза от множества сокровищ и драгоценных камней. Он начал хватать самые красивые и наполнять ими свой мешок. Через час он вышел из пещеры, неся на плечах тяжелую ношу.

Сделав несколько шагов со своим мешком, нищий задохнулся от усталости; обильный пот выступил на его лице, покрыл все тело. Он почувствовал, что силы его иссякли и он не может дальше тащить свой груз.

"А что если я опущу мешок на землю и покачу его? — подумал он. — Не может быть, чтобы я не докатил его домой целым".

Так он и сделал. Торжествуя и предвкушая радость от обладания богатством, покатил нищий набитый мешок. Но почти у самого дома он разогнул спину — и мешок вдруг исчез. Руки бедняка сжимали воздух. Он огляделся вокруг, стал кричать и плакать, проклиная свою несчастную долю.

И в тот же миг снова появилось Счастье. Гневно посмотрело оно на него и сказало:

— Ты преступник перед своим счастьем и самим собой. Тебя ничто не удовлетворяет, тебе не хватает никакого богатства. Тебе было дано много, и ты должен был взять столько, сколько мог унести. Но ты пожадничал и взвалил на себя непосильную ношу. Теперь ты потерял все. Пусть это послужит тебе уроком, научит довольствоваться небольшим.

ПРИКЛЮЧЕНИЯ СИНДБАДА-МОРЕХОДА

Во времена правления халифа Харуна ар-Рашида а жил в городе Багдаде бедный человек по имени Синдбад. Чтобы прокормиться, он переносил за плату тяжести на голове. Но таких, как он, бедняков—носильщиков было много, и поэтому Синдбад не мог попросить за свой труд столько, сколько ему полагалось. Приходилось ему довольствоваться жалкими грошами, так что он едва не умирал с голоду.

Однажды нёс он на голове тяжёлые ковры, еле-еле ноги передвигал, пот катился с него градом, голова гудела, и бедняге казалось, что он вот-вот потеряет сознание. Синдбад проходил как раз мимо одного дома, и из ворот на него повеяло прохладой, а от запаха вкусных кушаний закружилась голова. Перед домом в тени стояла каменная скамейка. Синдбад не выдержал, положил ковры на землю и сел на лавку, чтобы отдохнуть и подышать свежим воздухом. Из дома доносились весёлые голоса, слышалось дивное пение, звон бокалов и посуды.

Синдбад вздохнул и начал читать вслух стихи, которые только что пришли ему в голову:

Кому такая жизнь нужна?
Один лишь голод и нужда.
Другие, нежась от безделья,
Проводят дни свои в веселье,
Не зная горя и нужды.
А ведь они, как я и ты,
И хоть богатства их несметны, —
В конце концов, — все люди смертны.
Ну разве это справедливо,
Что лишь богач живёт счастливым?

Когда он кончил, из ворот вышел молодой слуга в дорогом платье.

— Мой господин слышал твои стихи, — сказал юноша. — Он приглашает тебя поужинать с ним и провести вместе вечер.

Синдбад испугался и стал говорить, что не сделал ничего плохого. Но юноша приветливо улыбнулся ему, взял его за руку, и носильщику пришлось принять приглашение.

Такой роскоши, какая была в том доме, Синдбад ещё в жизни не видел. Слуги сновали взад и вперёд с блюдами, полными редких яств, повсюду слышалась чудесная музыка, и Синдбад решил, что всё это ему снится.

Юноша провёл носильщика в маленькую комнату. Там за столом сидел важный господин, скорее похожий на учёного, чем на обманщика. Хозяин кивнул Синдбаду и пригласил его к столу.

— Как тебя звать? — спросил он носильщика.

— Синдбад-носильщик, — ответил бедняк.

— Меня тоже зовут Синдбад, люди прозвали меня Синдбад-мореход, и ты сейчас узнаешь почему. Я слышал твои стихи, и они понравились мне. Так знай же, что не только тебе пришлось испытать нужду и невзгоды. Я расскажу тебе обо всём, что я испытал, прежде чем добился почёта и богатства, которое ты здесь видишь. Но сначала ты должен поесть.

Синдбад-носильщик не заставил себя уговаривать и набросился на еду. А когда Синдбад-мореход увидел, что гость наслаждается отдыхом и уже сыт, он молвил:

— Я уже сто раз рассказывал то, что ты сейчас услышишь. Мне уже некому об этом рассказывать. И мне кажется, что ты поймёшь меня лучше, чем другие.Синдбад-носильщик не отважился что-либо возразить, он только кивнул, и его тёзка Синдбад-мореход начал свой рассказ.

Мой отец был богатым купцом, а я был его единственным сыном. Когда он умер, мне в наследство досталось всё его имущество. И всё, что отец скопил в течение своей жизни, я умудрился растратить за один год в обществе подобных мне бездельников и лентяев. Остался у меня только виноградник. Я продал его, на вырученные деньги накупил разных товаров и присоединился к каравану купцов, которые собирались отправиться в далёкие заморские страны. Я надеялся, что продам там с выгодой свои товары и снова разбогатею.

Отправились мы с купцами в плавание по морю. Плыли мы много дней и ночей, время от времени приставали к берегу, обменивали или продавали наши товары и покупали новые. Путешествие мне нравилось, кошелёк мой становился всё толще, и я уже перестал жалеть о легкомысленной и беззаботной жизни. Внимательно смотрел я, как живут люди в чужих странах, интересовался их обычаями, изучал их языки и чувствовал себя превосходно.

Так приплыли мы к чудесному острову, поросшему густым лесом. Деревья были усеяны плодами, невиданные цветы благоухали, и повсюду шумели ручьи с кристально-чистой водой. Мы спустились на берег, чтобы отдохнуть от качки в этом райском уголке. Одни наслаждались сочными плодами, другие развели костёр и стали варить пищу, третьи купались в прохладных ручьях или гуляли по острову.Так наслаждались мы покоем, как вдруг услышали громкий крик капитана, который остался на корабле. Он размахивал руками и кричал:

— Спасайтесь, кто может! Бегите на корабль! Это не остров, а спина огромной рыбы!

И действительно, это был не остров, а спина чудовищной рыбы, возвышавшаяся над водой. За долгие годы на неё нанесло песку, ветер занёс туда семена растений, и там выросли деревья и цветы. Всё это случилось только потому, что рыба уснула сто лет назад и не двигалась с места, пока ее не разбудил огонь, который мы зажгли. Рыба почувствовала, как что-то жжёт ей спину, и повернулась.

Один за другим прыгали мы в море и плыли к кораблю. Но не всем удалось спастись. Внезапно рыба—остров ударила хвостом по воде и опустилась в глубь моря. Над деревьями и цветами сомкнулись ревущие волны, и я вместе с другими очутился под водой.

К счастью я уцепился за деревянное корыто, которое мы захватили на остров, чтобы набрать в него пресной воды. Я не выпускал корыта из рук, хоть душа у меня ушла в пятки. Оно крутилось со мной под водой, пока я не вынырнул, наконец, на поверхность. Я сел на корыто верхом, начал грести ногами и проплавал в этом странном челне один день и одну ночь; вокруг, куда ни кинешь взор, была вода, бесконечный морской простор.

Я изнемогал под палящими солнечными лучами, страдал от голода и жажды. И вдруг, когда мне казалось, что близится мой конец, я увидел на горизонте зелёную полоску земли. Я напряг последние силы и, когда солнце уже начало опускаться в море, приплыл на своём корыте к острову. С острова доносилось пение птиц и аромат цветов. Я сошёл на берег. Первое, что бросилось мне в глаза, был родник, бивший из скалы, которая поросла папоротником. Я припал к нему горящими устами и пил до тех пор, пока словно убитый не свалился на траву. Шум моря и пение птиц убаюкали меня, а дивный аромат цветов подействовал словно дурман.Проснулся я на другой день, когда солнце было уже высоко. Поев фруктов и напившись из родника, я отправился в глубь острова, чтобы осмотреться.Я шёл под развесистыми кронами деревьев, пробирался сквозь заросли, усеянные цветами, но нигде не встретил ни души. Только пару раз вспугнул я робких обезьян.

Мне уже казалось, что лес этот никогда не кончится. Я влез на высокое дерево и стал смотреть по сторонам. "Может быть все-таки здесь есть какаянибудь постройка", — думал я. Я напрягал зрение, как мог, и наконец увидал вдали на песчаной отмели огромный белый купол. Я решил, что это крыша дворца, быстро слез с дерева и направился в ту сторону.

Но мне пришлось ещё долго идти по зелёному лесу, среди пышных цветов, которые так благоухали, что я чуть снова не уснул. Наконец я выбрался из леса и остановился под блестящим белым шаром, таким огромным, что вершины его не было видно. Я обошел шар и думал, как бы попасть в него. Но нигде не было ни окон, ни дверей. Я попробовал влезть на него, но поверхность купола была такая гладкая, что даже муха не удержалась бы на ней.

Усталый сел я около купола и стал смотреть, как солнце склоняется к закату. Скоро должен был снова наступить вечер, и мне видно до смерти суждено пробыть одному на этом острове. Я затосковал по родному городу, по шумным гаваням и кораблям.

Вдруг всё вокруг потемнело, словно кто-то набросил на солнце огромное чёрное покрывало. Я поднял голову и увидел, что солнце закрывает чёрная туча. Туча всё росла и приближалась к острову. И тут я начал различать очертания огромной птицы. Крылья её словно тучи заслоняли солнце. Птица, покружившись в воздухе, направилась прямо к куполу, под которым я отдыхал. Я еле успел зарыться в песок, скорчился от страха и ждал, что будет дальше.

Птица опустилась на остров, прикрыла шар крылом и уснула. Я догадался, что это птица Рухх. О ней часто рассказывали матросы. Говорили, будто она кормит своих птенцов слонами, а на одном острове откладывает огромные яйца. "Этот шар, — подумал я, — не что иное, как яйцо птицы Рухх". Так я лежал, зарывшись в песок, и вдруг подумал, что с помощью этой огромной птицы можно выбраться с острова.

Я снял с головы тюрбан, размотал его и привязал себя к ноге спящей птицы.От страха я не сомкнул глаз и едва дождался утра.

Когда взошло солнце, птица проснулась и закричала так громко и протяжно, что разбудила всех птиц и обезьян в лесу. Потом она с шумом расправила огромные крылья и взвилась в воздух. Птица Рухх не заметила, что я был привязан к её ноге. Она летела над бескрайним морским простором, разгоняя крыльями облака, словно это были пушинки с цветов. От быстрого полёта у меня закружилась голова, а сердце бешено колотилось от страха. Птица Рухх не остановилась, пока не перелетела всё море. Потом она опустилась в глубокую и широкую долину.Я быстро развязал тюрбан и спрятался за большой камень. Птица Рухх поднялась в воздух и начала кружиться над долиной, вдруг она опустилась и тут же снова взвилась в вышину. Я разглядел, что в копях она держала огромную змею, длинней и толще самого большого кедра. Не успел я опомниться, как птица Рухх уже неслась вдалеке над морем.

Я решил осмотреться и пошёл по долине. Ноги у меня еще дрожали после ужасного полёта. Долину со всех сторон окружали высокие горы, упиравшиеся своими вершинами в облака. Здесь не было ни воды, ни растительности, земля под ногами была усеяна камнями Мне стало не по себе. Я уже жалел, что покинул остров. "Там хоть я мог наесться фруктов и напиться пресной воды, — упрекал я себя. — А здесь нет ни родников, ни травы. Наверняка здесь ждёт меня голодная смерть".Так я горевал и бродил по долине, опустив голову, и вдруг заметил, что под ногами у меня не простые камни: вся долина была усыпана драгоценными алмазами. А среди камней грелись на солнце чёрные змеи. Каждая из них была больше самой высокой пальмы. "Вот куда тебя занесло, Синдбад, — подумал я. — Для того ты так быстро пустил по ветру наследство, чтобы как можно быстрее умереть здесь среди огромных чудовищ и драгоценных камней, от которых тебе нет никакого проку". Задумавшись, пошёл я дальше, пока не добрался до подножья высокой горы. Сел я там на камень и стал ждать ночи. "Видно, это будет моя последняя ночь, — думал я. — Если я не погибну от голода и жажды, так змеи спроводят меня на тот свет".

Вдруг я увидел, как что-то падает на землю. Это была только что зарезанная овца. Она два раза перевернулась в воздухе и наконец шлёпнулась в пыль прямо на алмазы. Несколько драгоценных камней прилипло к туше. И тут я вспомнил, как один купец рассказывал мне о долине алмазов. "Эта долина, — говорил он, — находится в далёкой горной стране, куда ещё никто не добирался живым. Она полна ужасных змей. Но люди придумали хитрость, чтобы добывать алмазы. Они режут овцу или другое животное и бросают мясо в долину. К окровавленной туше прилипают алмазы. В полдень в долину спускаются орлы и сипы, а люди поджидают их. Птицы хватают туши и взлетают с ними на гору. Люди набрасываются на них с палками и дубинками, птица выпускает добычу, и тогда остается только собрать прилипшие к мясу алмазы".

— Наконец-то я спасусь, — воскликнул я радостно. Я быстро собрал столько крупных алмазов, сколько мог унести с собой, набил ими все карманы, а потом снова распустил свой тюрбан, лег на землю и привязал себя к бараньей туше. Мне не пришлось долго ждать. Через минуту надо мной зашумели крылья, огромный орёл схватил когтями овцу и поднялся в воздух. Он опустился на вершину горы, выпустил нас из когтей и принялся клевать мясо. Но вдруг на него набросилась толпа людей. Они кричали и колотили палками по скалам. Орёл испугался, бросил свою добычу и улетел. Как же удивились люди, когда увидели, что из—под овцы вылез я, Синдбад! Я рассказал им о том, как попал в долину алмазов, и поблагодарил их за спасение. Люди поверили мне. Они тоже были купцами и вели торговлю алмазами. Купцы пригласили меня к себе на корабль. Я, не раздумывая, согласился, ведь у меня тоже теперь была кучка алмазов, целое состояние! С новыми друзьями я отправился в открытое море. Я снова был богат, жив и здоров и с надеждой смотрел в будущее.

Мы плыли от пристани к пристани, я знакомился с новыми людьми, чёрными, белыми, жёлтыми, говорившими на разных языках, продавал и покупал товары. Наконец я смог нагрузить свой собственный корабль дорогим грузом и направить его к родным берегам.

Но вдруг как-то ночью поднялась страшная буря, ветер сломал мачты, руль вышел из строя. Когда на утро буря утихла, мы увидели, что наш корабль принесло к берегам чужой земли. Как только капитан увидел этот берег, он начал рвать на себе волосы, стонать и плакать.

— О горе нам, горе! Готовьтесь к смерти! Нам нет спасения, — кричал он. — Мы попали в страну "мохнатых"!

Из его слов мы поняли, что это остров, на котором живут люди, похожие на обезьян, желтоглазые, покрытые чёрной шерстью. Не успели мы опомниться, как эти чудовища напали на наш корабль, окружили нас, начали рвать наши одежды, царапаться и кусаться. Наконец враги увели нас на остров. Потом они подняли паруса и уплыли на нашем корабле неизвестно куда.

Несчастные бродили мы по острову, пока наконец не пришли к огромному каменному дворцу. Ворота из чёрного дерева были распахнуты настежь. Мы вошли в них и очутились на большом дворе. Во дворе было пусто. Мы еле держались на ногах от усталости. Все улеглись в тени огромных столбов и уснули.

Нас разбудил ужасный шум; казалось, тысяча ветров сговорились и подули все сразу. Мы вскочили на ноги и увидели перед собой великана. Кожа у него была темно-синяя, а глаза сверкали точно пламя; зубы у него торчали словно клыки кабана, а ногти на руках были широкие и острые, как у льва. Великан медленно спускался по огромной лестнице прямо к нам. Мы жались друг к другу, как испуганные цыплята, от ужаса мы не проронили ни звука. Чудовище нагнулось, пошевелило пальцами над кучкой перепуганных людей и схватило меня. Великан посмотрел на меня своими сверкающими глазами,, прощупал со всех сторон, потом отпустил и схватил другого, за ним третьего, пока не осмотрел нас всех. Наконец он выбрал капитана, самого большого и толстого из нас.

— Ага, из тебя получится хорошее жаркое! — сказал великан громовым голосом. Он развёл во дворе на жаровне огонь. Тут мы опомнились от испуга и бросились наутек. А великан разразился ужасным хохотом. Он знал, что нам никуда не убежать. Все равно соберёт он нас всех, словно голубь горошинки.

Мы попрятались в дупла, залезли в звериные норы, но это нас не спасло. Каждый вечер великан выходил из дворца и ловил кого—нибудь из нас. Потом он разводил огонь во дворе, а по утрам до нас доносились ужасные звуки, казалось, что кто-то раскачивает скалы. Это великан храпел после плотного ужина.

— Неужели мы позволим ему переловить нас, словно кроликов? — сказал я как-то вечером купцам, оставшимся в живых. И я рассказал им о том, что задумал сделать. Мы побежали на берег, начали стаскивать в кучу толстые стволы деревьев и связывать их верёвками из пальмового лыка. Вскоре плот был готов. Когда послышался храп великана, мы отправились во дворец. Великан растянулся на каменной скамье и спал как убитый. Мы взяли два вертела, на которых он жарил мясо, раскалили их на огне и приставили к глазам людоеда, и тут же, что было сил, побежали к морю, где стоял наш плот.

Людоед заорал страшным голосом, казалось, что остров от его крика провалится в море. Растопырив руки и топая, словно стадо слонов, пустился он за нами в погоню. Разъярённый великан вырывал с корнями деревья, разбрасывал их во все стороны, словно прутики, разбивал на куски огромные скалы, но мы уже были на берегу и спускали плот на воду. "Теперь слепой великан ни за что не догонит нас", — радовались мы.

Но не успели мы отплыть от берега, как увидели рядом с великаном его жену, которая была еще страшнее, чем он. От ужаса у нас волосы встали дыбом; ведь мы даже не догадывались, что на острове ещё кто-то есть. Тут она заметила нас, схватила великана за руку и потащила его к морю. На берегу они начали отламывать от скал огромные глыбы, величиной с верблюда, и швыряли нам вслед.Одна из глыб упала на плот. Плот разлетелся вдребезги, и все мы очутились в море. Каменные глыбы сыпались на нас, словно было землетрясение. Казалось, нам всем суждено погибнуть. Но всё-таки один из нас спасся, и это был я. Я вскарабкался на брёвна, оставшиеся от плота. Одного человека они легко удерживали на воде. К счастью налетела высокая волна и унесла меня вместе с плотом в открытое море. А камни всё падали в море, но до меня они теперь не долетали. Волны уносили меня всё дальше и дальше, но я ещё долго слышал рев ослеплённого великана. Снова я остался один в бескрайнем морском просторе, оборванный, словно нищий, без пищи и без пресной воды.

— И зачем мне всё это было нужно, — ругал я себя. — Почему я не остался дома? Что меня потянуло в чужие страны? Теперь бы мне хватило одного финика да тени деревьев у дороги, лишь бы быть дома. Зачем мне богатство, ведь родина — это самое дорогое, что только есть у человека.

Эти мысли не покидали меня, но мне следовало подумать об этом раньше. А теперь я был один—одинёшенек в море, над головой немилосердно палило солнце, а на небе не было ни облачка.

Я обмотал остатки одежды вокруг головы, чтобы солнце не лишило меня разума, прикрыл лицо и глаза и положился на судьбу. Наконец я уснул.Проснувшись, я услышал чудесную музыку и пение птиц. Под лохмотья, которыми была окутана моя голова, проникал аромат цветов, где-то поблизости, словно серебряные колокольчики, пели ручьи. Я испугался и подумал, что близится мой конец. "Видно всё это бред", — решил я и сорвал с головы лохмотья.Я не хотел верить ни своим глазам, ни ушам; мой плот прибило к песчаному берегу чудесной бухты. Надо мной склонялись ветви деревьев, тысячи лиан висели над водой, а роскошные орхидеи и другие редкие цветы сверкали на солнце. Прозрачные горные ручьи падали со скал в долину. Я встал и с трудом добрался до одного из этих ручьёв. Ноги у меня дрожали, голова кружилась. Я вымыл холодной водой лицо, смочил руки и спину и с жадностью напился.Освежившись водой и подкрепившись плодами, я начал петь и от радости запрыгал, как козлёнок. Какое счастье, что я жив и здоров! Но ещё больше обрадовался я, когда добрался до зелёной лужайки и увидел там старичка с длинной седой бородой. С виду он показался мне очень добрым.

— Наконец-то я снова вижу человека! — воскликнул я и подбежал к старичку.Я заговорил с ним и рассказал ему обо всех своих злоключениях, а старичок принялся восхвалять красоты этого острова, превозносил до небес огромную пристань, куда съезжаются корабли со всех концов света.

— Проводи меня туда, — попросил я его, — и я до смерти буду с благодарностью вспоминать тебя.

— Я бы с удовольствием отвёл тебя туда, — сказал старик. — Но я не могу ходить, ноги перестали слушаться меня. Я жду, когда за мной приедет внук. Но знаешь что, взвали меня себе на спину, и я буду показывать тебе дорогу. Через час мы туда доберёмся.

Я посадил старика себе на плечи, а он показал мне в какую сторону идти. Мы направились к пристани. Но стоило мне сделать несколько шагов, как я с удивлением почувствовал, что старик очень тяжёлый. Он крепко обхватил ногами мою шею, уперся коленями мне в грудь и принялся хохотать.

— Попался, простофиля, — кричал он, — теперь ты до смерти будешь таскать меня, как ишак!

Он подталкивал меня в спину и заставлял бежать быстрее то в одну, то в другую сторону или просто кружиться на месте. Я изо всех сил старался сбросить злого старика, но ничего у меня не получалось. Так я стал его рабом. Старик даже ночью не слезал с моей спины. Спал я сидя, а он каждую минуту будил и мучил меня. Мы бродили много дней и ночей взад и вперёд по прекрасным лесам, полным птиц и цветов, по тенистым рощам, по душистым лугам, а я ничего не замечал вокруг.Меня мучила ужасная боль в спине и пояснице, я чувствовал, что слабею с каждым днём, а старик становился всё несноснее и тяжелее, словно он выжимал из меня все соки.

Однажды мы остановились на пригорке, поросшем виноградными лозами. Тут я заметил на земле высохшую тыкву. Я поднял её, набил зерном и виноградом. С тех пор я носил тыкву с собой и время от времени подставлял её под палящие солнечные лучи. Через несколько дней виноград забродил, и сок его превратился в крепкое вино.

— Теперь хоть есть, чем подкрепиться, — подумал я.

Но когда я поднёс тыкву ко рту, старик вырвал её у меня из рук и одним духом выпил всё вино. Тут он начал петь, смеяться, захлопал в ладоши, стучал кулаками по моей шее, бил пятками по бокам, толкал меня, требовал, чтобы я танцевал вместе с ним. Вино так подействовало на него, что он перестал соображать.Но вскоре он затих. Я вдруг почувствовал, что его ноги постепенно разжимаются, он уже не сжимал меня так крепко, как обычно! Я расправил плечи и сбросил старика на землю, словно грушу.

Мне вдруг стало так легко, будто гора свалилась с моих плеч, я облегчённо вздохнул и взглянул на старика. Он лежал в траве совершенно беспомощный и спал как сурок.

— Вот попрыгаешь ты, когда проснёшься, — засмеялся я. — Жди теперь, когда пойдёт мимо второй такой глупец, как я!

Потом я оставил старика и весело направился в ту сторону, куда часто слетались голубиные стаи. Шёл я два дня и наконец пришёл в большой город с гаванью. Я ходил по улицам, останавливался на рынках, но повсюду слышал чужой говор. И только вечером, отдыхая у колодца на рыночной площади, я услышал, как кто-то говорит на моём родном языке.

Я вскочил и подбежал к нарядно одетым людям, заговорил с ними и увидел, что они меня понимают. Но эти люди смотрели на меня, как на сумасшедшего. И если бы мне удалось взглянуть на себя со стороны, я бы не осудил их за это. Вместо одежды у меня была только повязка вокруг бёдер, лицо изъедено морщинами, щеки и подбородок заросли густой щетиной, и от палящих солнечных лучей кожа на теле стала чёрной как смоль. Так изменился я за годы своих странствий.Долго пришлось мне рассказывать о себе, и наконец они поверили, что я не лгу. А когда я вспомнил про остров, что был на спине у чудовищной рыбы, купцы удивлённо посмотрели на меня, пошептались между собой, а потом вдруг один из них спросил:

— Послушай, ты случайно не Синдбад, купец из Багдада?

— Как ты узнал меня?! — воскликнул я радостно.

Тут купцы начали обнимать и поздравлять меня, я узнал в них своих друзей с первого корабля, тех, которые успели спастись и уплыли, прежде чем чудовищная рыба погрузилась в море. Их корабль стоял на якоре в здешней гавани. На другой день они взяли меня на корабль, показали мои товары, которые до сих пор лежали в трюме, дали мне дорогую одежду, и я снова стал купцом.

А так как мои товарищи уже продали и купили всё, что хотели, корабль наш направился прямо к родным берегам. Мы благополучно добрались до Багдада. Там я продал свои товары и купил себе дом с садом и виноградником. Я был хорошим купцом и через несколько лет стал одним из самых богатых людей в городе. Помогало мне и то, что за годы скитаний я так хорошо изучил жизнь. Но по морю я уже не решился путешествовать. "Везде хорошо, а дома лучше", — говорю я. Когда мне нужно продать или обменять товары, я посылаю вместо себя в чужие страны кого—нибудь из своих помощников. У меня три больших корабля и они всё время бороздят морские просторы, но на меня не попадает ни капли солёной воды.Синдбад-мореход окончил свой рассказ и ждал, что скажет Синдбадносильщик. Но тот молчал. Тогда богатый хозяин налил ему в кубок вина и сказал:

— Видно, ты не понял, зачем я рассказывал тебе о своих злоключениях. Я думал, что это будет поучительным для тебя, я хотел сказать тебе, чтобы ты не отчаивался, не проклинал свою судьбу, даже если жизнь кажется невыносимой. Всё, что у меня есть, я заработал тяжёлым трудом. Не вешай голову, ведь мне приходилось тяжелее, чем тебе, а посмотри по сторонам — теперь я живу как в раю.

И тогда Синдбад-носильщик спросил Синдбада—морехода:

— О господин, как долго ты носил на спине этого старика?

— Много, много дней, не меньше, чем четыре недели, — ответил Синдбад-мореход.

— А как ты думаешь, смог бы ты носить его год или даже всю свою жизнь?

— Самое большое я выдержал бы полгода, — ответил Синдбад-мореход. — Может я и умер бы раньше, чем через полгода. Тогда Синдбад-носильщик сказал:

— Вот видишь, мой господин, а я такого старика ношу уже тридцать лет. С каждым днём он становится все тяжелее и тяжелее, гоняет меня то туда, то сюда, отрывает ото рта кусок, по ночам я чувствую его на спине, а сбросить не могу.

Синдбад-мореход понял своего тёзку и предложил ему до самой смерти жить в его доме. — Ты будешь сочинять для меня стихи, — сказал он своему гостю, — и мы вместе будем размышлять о жизни.

Но Синдбад-носильщик вежливо поблагодарил его за это предложение и за гостеприимство, попрощался с Синдбадом—мореходом и вышел из дому.На улице уже было прохладно. Синдбад-носильщик положил на голову тяжёлые ковры и пошёл своей дорогой. Синдбад-мореход смотрел ему вслед из окна и слышал, как тот повторял свои стихи:

Кому такая жизнь нужна?
Один лишь голод и нужда.
Другие,
нежась от безделья,
Проводят дни свои в веселье,
Не зная горя и нужды,
А ведь они, как я и ты,
И пусть богатства их несметны,
В конце концов, — все люди смертны".

ПРОНИЦАТЕЛЬНОСТЬ БЕДУИНА

Один араб потерял в пустыне своего товарища с верблюдом. Целый день искал он его и не мог найти, а вечером повстречал бедуина. Араб обрадовался и начал расспрашивать о своем пропавшем товарище и его верблюде.

— Товарищ твой толстый и хромой? — спросил бедуин.

— Да. Где он? — воскликнул араб,

— Я не знаю, где он. Но, скажи мне, в руках у него была палка? А верблюд его был одноглазый и вез финики, да?

Человек обрадовался еще больше и закричал поспешно:

— Да, да! Это мой товарищ и его верблюд. Но меня одолела усталость. Как я буду искать их в такую жару?! Когда ты видел их? Куда они пошли?

Бедуин ответил:

— Я не видел их и вообще со вчерашнего дня никого, кроме тебя, не встречал.

— Ты что, смеешься надо мной?! —гневно прервал его араб.— Как ты хочешь обмануть меня, если только что подробно описал моего товарища и его верблюда?

— Да, я не видел его,— спокойно повторил бедуин.— И все же я знаю, что он долго отдыхал под этой пальмой, а потом отправился по направлению к Сирии. И все это было три часа тому назад.

— Откуда же ты знаешь все это, если ты не видел его?! — воскликнул араб.

— Я не видел его,— ответил бедуин.— Но я узнал о нем по его следам.

Он взял араба за руку, подвел его к отпечаткам следов на песке и сказал:

— Посмотри на эти следы. Это — следы ступни человека, это — след верблюжьего копыта, а это — отпечаток палки. Посмотри на следы человека. Видишь, отпечаток левой ноги глубже и больше, чем правой? Не говорит ли это о том, что человек, проходивший здесь,— хромой? Теперь сравни его следы и мои — он оставил более глубокие отпечатки, чем оставляю я. Разве это не значит, что он более тучный, чем я?

Араб удивился и сказал:

— Все это очень хорошо. Но скажи, как ты узнал, что у верблюда один глаз? Ведь глазом-то он не касался песка.

— Это верно,— засмеялся бедуин.— Глаз его не касался земли. И все-таки он оставил на ней свой след. Разве ты не видишь, что верблюд щипал траву только с правой стороны? И разве это не говорит о том, что у верблюда один глаз и поэтому он видит только одну сторону дороги?

Еще больше изумился араб и спросил:

— А какой след оставили финики?

Бедуин прошел вперед шагов двадцать и сказал:

— Посмотри на этих муравьев, которые собрались здесь. Разве ты не видишь, что их привлек сок фиников?

Араб долго молчал, потом спросил наконец:

— А время? Как ты мог определить время?

Бедуин указал на пальму и сказал:

— Посмотри сюда. Неужели ты не видишь, что твой товарищ отдыхал здесь со своим верблюдом?

— Но как же ты догадался, что это было три часа тому назад?

Бедуин снова рассмеялся и объяснил:

— Посмотри на тень от пальмы. Ведь не думаешь же ты, что человек откажется от прохлады и сядет отдыхать на солнце? Конечно, твой товарищ отдыхал в тени. Я кочевник и знаю, что нужно около трех часов, чтобы тень от места его привала переместилась на то место, где она сейчас.

САМ СЕБЯ ПЕРЕХИТРИЛ

Однажды стекольщик сказал сумасшедшему:

— Все сумасшедшие бьют стекла, а ты почему-то ленишься и сидишь без дела. Иди и ты бить стекла. Ты мне этим очень поможешь: у меня будет больше работы.

Сумасшедший послушался. Он побежал к дому стекольщика и, весело приплясывая, до тех пор швырял камни, пока в окнах не осталось ни одного стекла.

Когда стекольщик вернулся домой и увидел это, он набросился на сумасшедшего с кулаками.

— Почему ты на меня сердишься? — спросил сумасшедший.— Ведь ты же сам сказал мне: "Иди и бей стекла".

— Но я же велел тебе бить стекла в других домах, чтобы у меня было больше работы! — в отчаянии воскликнул стекольщик.

— Если бы я разбил стекла не в твоем доме,— возразил сумасшедший,— то хозяева могли бы пригласить другого стекольщика. А уж тут-то я спокоен: ты никого не будешь звать и сделаешь эту работу сам.

СКАЗКА О ВОЛШЕБНОМ КОНЕ

Жил в древние времена великий царь. Был у него единственный сын, красивый, словно месяц на небе. И однажды, когда царь сидел на престоле, вошли к нему три мудреца. У одного был золотой павлин, у другого — медная труба, а у третьего - конь из слоновой кости и чёрного дерева.

Мудрецы поклонились царю и сказали:

— О царь, вот мы придумали и сделали эти игрушки. В каж дой из них есть нечто удивительное и полезное. Прими их в дар от нас, твоих слуг.

— А что же в них полезного?— спросил царь.

И первый мудрец промолвил:

— Взгляни, о повелитель, на этого павлина. Весь он сделан из чистого золота, а глаза его — два больших изумруда. Каждое перо его хвоста украшено драгоценным камнем. Но не это в нём удивительно и полезно.

Польза его в том, что через каждый час он хлопает крыльями и кричит. Возьми его — и будешь знать, сколько часов тебе следует уделить для дела, а сколько — для веселья и забав.

А второй мудрец сказал:

— О царь, моя труба полезнее этого павлина. Повесь её на ворота твоего города, и она будет сторожить его, и, когда войдёт в этот город вор, труба затрубит голосом, подобным грому.

Вора узнают и схватят. А третий мудрец сказал:

— О владыка! Эти подарки ничего не стоят в сравнении с моим конём. Видел ли ты когда-нибудь коней, летающих по воздуху?

— Нет,— ответил царь.— Этого не бывает.

— Прими же от меня в дар этого коня, и ты сможешь полететь на нём в какую хочешь страну.

После этого все три мудреца поклонились царю и сказали:

— О царь, награди нас за эти удивительные и полезные вещи!

— Я не награжу вас, пока не испытаю полезности этих вещей,— ответил царь.

И царь велел поставить павлина перед собой, и, когда прошёл час, павлин захлопал крыльями и закричал.

И царь велел поместить трубу на воротах города и ввести через эти ворота одного из воров, заключённых в тюрьму. Когда вор прошёл под воротами, труба затрубила голосом, подобным грому, вор испугался и ничком упал на землю. Царь щедро наградил обоих мудрецов золотом.

Тогда выступил третий мудрец, владелец коня, и сказал:

— О царь, награди и меня так же, как наградил моих товарищей.

— Сначала я испытаю твоего коня,— сказал царь.

В это время подошёл сын царя — а звали его Хасан — и сказал:

— Позволь мне сесть на этого коня и испытать его.

— Испытывай его как хочешь,— ответил царь.

Царевич сел на коня и ударил его пяткой, но конь не двинулся с места. Хасан закричал:

— Что же ты говорил нам об этом коне, мудрец? Он не двигается с места!

Тогда мудрец подошёл к царевичу и показал ему винт на правом плече коня.

— Поверни этот винт,— сказал он.

Хасан повернул винт, и вдруг конь задвигался, поднялся к облакам и полетел быстрее ветра.

А Хасан, когда перестал видеть под собой землю, испугался и закричал:

— Зачем я сел на этого коня? Мудрец нарочно так сделал, чтобы погубить меня!

Царевич снова схватился за винт на правом плече, и вдруг конь поднялся выше и полетел ещё быстрее. Тогда Хасан стал осматривать коня и увидел такой же винт на его левом плече.

Он повернул этот винт, и конь полетел медленнее и стал опускаться...

«Теперь я нашёл винт подъёма и винт спуска и вижу, в чём тайна этого коня»,— сказал себе царевич. Он обрадовался и стал летать то выше, то ниже, то быстрее, то медленнее, как ему хотелось.

А потом он решил опуститься на землю и опускался весь день, так как залетел очень высоко. Он летел над землёй и смотрел на страны и города, которых он никогда не видел раньше.

А когда солнце склонилось к закату, Хасан оказался над прекрасным большим городом с дворцами, садами и каналами.

Хасан принялся кружить над городом и рассматривать его со всех сторон, а потом стал выбирать место, удобное для спуска.

И вот он увидел дворец, окружённый крепкой стеной с бойницами. Это место показалось ему удобным, он повернул винт спуска, и конь опустился прямо на крышу дворца.

Хасан сошёл с коня, осмотрел его со всех сторон и сказал самому себе:

— Тот, кто сделал этого коня, действительно великий мудрец!

Хасан просидел на крыше дворца, пока не настала ночь. Его мучили голод и жажда, потому что уже много часов он не ел и не пил. И он подумал: «Не может быть, чтобы в таком большом дворце нельзя было раздобыть пищу».

Он обошёл всю крышу, увидел лестницу и спустился по ней во двор, вымощенный мрамором. Нигде не слышно было никакого шума и никого не было видно. Вдруг Хасан увидел свет и услышал голоса. Он спрятался за выступ стены, и мимо него прошла толпа невольниц со светильниками в руках, а среди них была прекрасная девушка, по имени Зумурруд, дочь царя этого города. Царь построил для неё этот дворец, чтобы она могла там играть и веселиться. И случилось, что она пришла туда как раз в этот вечер и вошла в комнату со своими невольницами. Хасан последовал за ними и спрятался за колонну. Невольницы разостлали ковры и уставили комнату светильниками, а потом стали играть и веселиться. И был с ними страж, огромный негр, опоясанный мечом.

И негр этот встал у той же колонны, где был Хасан, задел его плечом и увидел царевича. Тогда Хасан бросился на негра и ударил его по лицу, а потом повалил и вырвал у него меч из рук. Невольницы в ужасе разбежались. Но царевна Зумурруд не испугалась, подошла к Хасану и спросила его:

— Кто ты — человек или джинн? По поступкам ты джинн, но я слышала, что они безобразны, а ты красавец.

Я сын царя,— ответил ей Хасан,— и я не хочу тебе зла.

Они сели на ковёр и стали беседовать.

А негр побежал к царю и вошёл к нему, крича:

— О царь, дочь твою захватил джинн в образе человека! Иди же и накажи его!

Царь взволновался и поспешил во дворец. Увидев Хасана, он бросился на него с обнажённым мечом. Но Хасан вскочил на ноги и так закричал на царя, что тот со страху едва не упал на землю. Тогда царь понял, что царевич сильнее его, стал ласковее и спросил:

— О юноша, ты человек или джинн?

— Я сын царя Персии, а вовсе не джинн,— ответил Хасан.— И если бы не твоя дочь, я убил бы тебя! Как ты осмелился назвать меня джинном?

— Если ты не джинн,— сказал царь,— то как ты вошёл во дворец? Вот я кликну своих рабов и слуг, и они тотчас же убьют тебя.

— О царь,— ответил царевич,— я удивляюсь твоей глупости. Если твои рабы и слуги убьют меня, люди узнают об этом, будут говорить, что ты убил царского сына, твоего гостя, и ты опозоришь сам себя. Лучше слушай, что я скажу тебе: давай сразимся с тобой один на один, а ещё лучше будет, если ты выведешь ко мне свои войска и вооружённых слуг и скажешь им: «Вот этот человек пришёл ко мне и хочет жениться на моей дочери». А потом дай мне сразиться с ними, и если они меня убьют, то тебе не будет позора, а если я их одолею, то отдашь мне в жёны дочь твою Зумурруд и для тебя будет честью иметь такого зятя.

Царь удивился, услышав эти слова, и сказал:

— А знаешь ли ты, что у меня сорок тысяч всадников, кроме рабов и приближённых?

— Приведи их на площадь,— ответил царевич,— и ты увидишь, что будет.

— Хорошо,— сказал царь,— я так и сделаю.

А утром царь собрал на площади всех своих воинов в полном вооружении и велел им садиться на коней. Он приказал привести царевичу самого лучшего коня в прекрасной сбруе, но Хасан сказал:

— Я не сяду на твоего коня.

Тогда царь крикнул своим войскам:

— Воины! Этот юноша хочет жениться на моей дочери и заявляет, что одолел бы вас, даже если бы вас было сто тысяч. Поднимите его на острия копий и мечей: он взялся за непосильное дело!

Но Хасан сказал:

— О царь, где твоя справедливость? Как я буду с ними сражаться, когда я пеший, а они конные?

— Я давал тебе моего лучшего коня, а ты отказался,— сказал царь.— Вот тебе кони, выбирай какого хочешь.

— Мне не нравятся эти кони,— сказал Хасан.— Я сяду на того, который привёз меня сюда.

— А где же твой конь?— спросил царь.

— Он на крыше твоего дворца,— ответил царевич.

— Горе тебе! Ты сошёл с ума!— закричал царь.— Как может быть конь на крыше? Я сейчас докажу тебе, что ты солгал.

И царь велел двум своим приближённым пойти на крышу и посмотреть, есть ли там конь.

А люди вокруг удивлялись и говорили друг другу:

— Как это конь мог попасть на крышу? Мы никогда не слышали ничего подобного.

Приближённые поднялись на крышу и увидели, что там стоит конь, прекраснее которого нет на свете. Он был сделан из чёрного дерева и слоновой кости. Они стали смеяться и говорить один другому:

— И на этом коне он будет сражаться с войсками царя? Это, наверно, сумасшедший!

Они подняли коня и принесли его к царю, и все удивились его красоте, прекрасному седлу и уздечке. А царь спросил Хасана:

— О юноша, вот это и есть твой конь?

— Да,— ответил Хасан.

— Возьми же своего коня и садись на него,— сказал, усмехаясь, царь. Но Хасан ответил:

— Я сяду на него тогда, когда твои воины от него удалятся.

И царь велел воинам отойти от коня на полёт стрелы. Тогда Хасан сел на коня, а воины выстроились напротив Хасана и говорили друг другу:

— Когда он будет между рядами, мы возьмём его на остриё копий и мечей.

Хасан повернул винт подъёма, и вдруг конь заволновался, забился и стал делать все движения, какие делают кони. Внутренность его наполнилась воздухом, он поднялся и полетел.

Царь увидел, что конь поднимается, и закричал своим воинам:

— Горе вам, хватайте его, пока он не улетел!

Но его приближённые и визири сказали ему:

— Кто может настигнуть летящую птицу? О царь, наверно, это великий колдун. Радуйся, что ты избавился от него.

Хасан взлетел к облакам, повернул коня и направил его ко дворцу царевны. А царевна Зумурруд в это время вышла на крышу дворца, чтобы посмотреть, что случится с Хасаном. Вокруг неё стояли невольницы и няньки. Увидев её, Хасан повернул винт спуска, конь замедлил ход и стал опускаться. Няньки и невольницы испугались и с криками бросились бежать. А царевич опустился на крышу и сказал:

— О Зумурруд, вот я обманул твоего отца и его воинов. Хочешь, поедем со мной в мою страну и моё царство?

— Да,— сказала Зумурруд,— я поеду с тобой всюду, куда ты захочешь.

— Тогда поспеши сесть со мной на моего коня, пока не прибежали сюда слуги и стража,— сказал Хасан.

Он посадил царевну на коня позади себя и крепко привязал её верёвками, а затем повернул винт подъёма, и они взвились в воздух и полетели. Они летели до тех пор, пока не достигли столицы персидского царя. Тогда Хасан опустился в одном из садов, отвёл Зумурруд в беседку, а деревянного коня поставил у дверей и велел девушке стеречь его. А сам пошёл к отцу и застал его в горе и печали из-за разлуки с сыном. Когда царь увидел царевича, он обрадовался и прижал его к своей груди, а Хасан спросил царя:

— Что сталось с мудрецом, который сделал коня?

— Горе ему! — ответил царь.— Это из-за него ты покинул нас, и я посадил его в тюрьму.

— Освободи его и приведи сюда,— сказал Хасан,— потому что это великий мудрец.

И когда мудреца привели, царевич наградил его почётной одеждой и деньгами. Но мудрец затаил гнев на царевича за то, что тот узнал тайну коня и научился летать на нём.

А Хасан рассказал отцу обо всём, что с ним случилось, и сказал:

— Знай, что я привёз с собой прекрасную царевну и хочу на ней жениться. Я оставил её в саду эмира Махмуда и пришёл сообщить тебе об этом. Прошу тебя, собери своих приближённых и визирей и выезжай ей навстречу.

— Хорошо,— ответил царь и тотчас же приказал жителям украсить город и встречать царевну.

А Хасан сел на коня, поскакал в сад эмира Махмуда и увидел, что беседка пуста и Зумурруд исчезла. Он начал бить себя по лицу и закричал:

— Где она и откуда узнала тайну деревянного коня?

Он позвал сторожей сада и спросил их, не приходил ли кто-нибудь в сад.

— Никого не было, кроме мудреца,— ответили сторожа.

Тогда царевич понял, что девушку и коня украл мудрец.

И это действительно было так. Когда Хасан рассказывал царю о том, где он оставил царевну, мудрец стоял за дверью и слушал. А потом побежал в сад эмира Махмуда. Придя туда, он увидел своего коня и очень обрадовался. Оказалось, что все винты в порядке и у коня ничего не сломано. Тогда мудрец вошёл в беседку и поклонился царевне.

— Кто ты?— спросила Зумурруд.

И мудрец ответил:

— О госпожа, я посланный от царевича. Он велел мне перевезти тебя в другой сад. Поедем со мной, и я покажу тебе, что я для
тебя приготовил.

Зумурруд поверила его словам и сказала:

— А на чём же я поеду, отец мой?

— На коне, на котором ты сюда прибыла,— сказал мудрец.

— Но я не умею ездить на нём одна,— сказала Зумурруд. Мудрец понял, что она не умеет управлять конём.

— Я сам сяду с тобой,— сказал он.

И он посадил Зумурруд позади себя, привязал её верёвками и повернул винт подъёма. Конь наполнился воздухом и полетел. Они летели, пока город не скрылся у них из глаз.

Тогда царевна спросила:

— Куда мы летим и где царевич?

А мудрец засмеялся и ответил:

— Горе твоему царевичу! Я всю жизнь строил этого коня, а когда я его наконец построил, царевич отнял его у меня и дал мне ничтожную награду. Но теперь я опять завладел конём, а тебя я захватил в свои руки, и царевич будет горевать так же, как горевал я.

Зумурруд поняла, что ей нет спасения, и заплакала. Они летели весь день и вечером опустились на зелёный луг, недалеко от города. А в городе жил царь этой страны. И случилось, что царь как раз в это время охотился. Он заметил мудреца с девушкой и конём, и не успели те двинуться, как рабы царя бросились на них, схватили обоих и привели к царю.

— О девушка, кто ты и кто этот старик?— спросил царь. И мудрец поспешил ответить:

—Это моя жена.

Тогда Зумурруд закричала:

— О царь, он лжёт! Он украл меня и увёз хитростью!

И царь велел отвести мудреца в город и посадить в тюрьму, а девушку и коня доставить к себе во дворец. Вот что произошло с мудрецом и девушкой. Что же касается царевича Хасана, то, когда он убедился, что мудрец увёз его невесту Зумурруд, он надел дорожное платье и отправился искать её. Он ходил из города в город и везде спрашивал про летающего коня из чёрного дерева. Но все смеялись и говорили, что таких коней не бывает и что он, наверно, сошёл с ума.

Однажды он пришёл в большой город и остановился переночевать на постоялом дворе. Вдруг он услышал, как один путник говорил другим, собравшимся вокруг него:

— О друзья мои, я видел чудо.

— Расскажи нам о нём,— попросили его. И он сказал:

— Я был в городе Кайсарии, и царь этого города пригласил меня на охоту. И когда мы проезжали по лугу, мы увидели там безобразного старика и прекрасную девушку, а возле них — коня из чёрного дерева. Этот конь — чудо из чудес, никогда не было коня, прекраснее и лучше его.

— Что же сталось со стариком, конём и девушкой?— спросили путника.

И он ответил:

— Старика царь посадил в тюрьму, а коня и девушку взял к себе во дворец.

Услышав это, Хасан сейчас же расспросил путника, как дойти до города Кайсарии. На следующее утро он отправился в этот город и через несколько дней дошёл до его ворот. Но стражи, стоявшие у ворот, сказали Хасану:

— У нас в городе такой обычай: когда к нам приходит чужеземец, царь велит привести его к себе и расспрашивает, кто он такой и какое знает ремесло. Сейчас уже поздно идти к царю. Пойдём с нами, ты переночуешь у нас. А завтра мы отведём тебя во дворец.

Они привели Хасана к себе, накормили его, а потом один из них спросил царевича, из какой он страны.

— Из Персии,— ответил Хасан.

Тогда другой сторож сказал:

— У нас в тюрьме есть один старик персиянин. Много я видел людей, но не встречал человека более лживого, чем он.

— А в чём его ложь?— спросил Хасан.

— Он говорит, что он мудрец. Царь нашёл его на лугу вместе с девушкой и конём из чёрного дерева. Он посадил старика в тюрьму, а коня и девушку взял во дворец. Но только эта девушка бесноватая, и если бы персиянин был на самом деле мудрец, он бы её вылечил. А он этого не может, и царь не нашёл ещё никого, кто бы мог вылечить девушку.

— Отведите меня к царю, и я её вылечу,— сказал Хасан.

Когда настало утро, его привели к царю, и царевич Хасан сказал:

— О царь, я знаю много наук и особенно хорошо знаю науку врачевания. Я лечу всех больных и бесноватых, и стоит мне посмотреть на больного, как он становится здоровым.

— О великий мудрец, тебя-то нам и нужно!— закричал царь.—

Вылечи девушку, которая находится у меня, и я дам тебе всё, что ты потребуешь!

— Расскажи мне, чем больна девушка,— сказал Хасан.

И царь рассказал ему всё, что было с девушкой, конём и мудрецом.

— А что ты сделал с конём?— спросил царевич. И царь ответил:

— Он стоит у меня в сокровищнице. Тогда Хасан обрадовался и сказал:

— Я хочу взглянуть на этого коня, и тогда я, может быть, найду средство вылечить девушку.

Царь привёл Хасана к коню, и Хасан обошёл его, осмотрел и увидел, что конь цел и в исправности.

— Теперь я пойду посмотрю девушку,— сказал он,— и вылечу её при помощи этого коня.

Он вошёл к Зумурруд и увидел, что она бьётся в припадке, как бесноватая. А она не была бесноватой и делала это нарочно, чтобы царь не взял её в жёны.

Хасан подошёл к ней, и она узнала его и вскрикнула от радости. А Хасан велел царю выйти и сказал Зумурруд:

— Чтобы спастись отсюда, нужна хитрость. Ты увидишь, что я придумал! А теперь успокойся и, когда царь войдёт, говори с ним ласково, чтобы он увидел, что ты выздоровела. Тогда исполнится всё, что мы хотим.

— Я так и сделаю,— сказала Зумурруд. И Хасан вышел к царю и сказал:

— О царь, будь счастлив: болезнь девушки прошла.

Царь вошёл к Зумурруд, а она встала ему навстречу и сказала:

— Добро пожаловать!

Царь обрадовался и спросил Хасана:

— Как мне наградить тебя?

— Лечение ещё не окончено,— сказал Хасан.— Собери твоих воинов и пойди с девушкой на то место, где ты её нашёл. Возьми с собой и коня из чёрного дерева. Там я уничтожу злого духа, который мучает девушку.

— Пусть будет по-твоему,— сказал царь.

Он поехал на луг со своими войсками, с конём и с царевной Зумурруд.

Там Хасан попросил царя и его воинов отойти от коня на полёт стрелы и сказал:

— Я зажгу куренья, прочту заклинания и убью здесь духа, а потом сяду на чёрного коня вместе с девушкой и привезу её к тебе.

Царь отошёл со своими воинами на полёт стрелы, а Хасан и Зумурруд сели на коня. Царевич повернул винт подъёма, конь взвился в воздух и полетел. А царь и воины смотрели на коня, Хасана и Зумурруд, пока они не скрылись из глаз. Царь простоял на месте полдня, ожидая царевича, но он не вернулся. Наконец царь возвратился в город. Он никак не мог утешиться, что потерял девушку и коня, а его приближённые говорили ему:

— Этот врач колдун, и очень хорошо, что он улетел и ты избавился от его колдовства.

А Хасан между тем прилетел в родной город и опустился около дворца. Он женился на царевне Зумурруд и в день своей свадьбы устроил пир для всех жителей города. Царь, отец Хасана, был доволен и счастлив, что сын его вернулся живым и здоровым.

А чтобы царевич не мог больше никогда летать, царь велел сломать волшебного коня.

СКАЗКА О ДЖАУДАРЕ И ЕГО БРАТЬЯХ

У одного купца было три сына. Когда купец состарился и почувствовал, что близится его конец, он разделил всё свое добро на четыре части. Одна часть досталась его жене, а три остальные поделили между собой сыновья. У всех всего было поровну.

Вскоре купец умер. Два старших сына были недовольны отцовским дележом и начали судиться со своим младшим братом Джаударом из — за наследства. Судились, судились, пока всё имущество отца по судам не растратили. И у Джаудара тоже ни гроша не осталось. Тогда старшие братья отобрали всё у своей матери и выгнали её из родного дома милостыню собирать.

Но младший сын Джаудар не оставил мать. Достал он сеть и лодку и начал ловить рыбу. Свой улов он продавал или обменивал на хлеб и фрукты, так они с матерью и перебивались с хлеба на воду.

А тем временем старшие братья и материно добро по ветру пустили. Начали они голодать, вот и пришли к старушке хлеба просить.

Мать не прогнала их, последний кусок хлеба им отдала, сама ни крошки не съела и Джаудару ни слова не сказала. А Джаудар вскоре догадался об этом, но промолчал: был он добрейший человек на свете, работал, не разгибая спины, чтобы и мать, и братьев прокормить.

Однажды сидел он в своей лодке и с грустью смотрел на воду. Много раз забрасывал он в озеро сеть, но так и не поймал ни одной рыбы. Тут как раз проезжал мимо на муле какой-то человек. Остановился он и спросил Джаудара:

— Не ты ли Джаудар, сын купца из этого города? Джаудар удивился, что чужеземец знает его, и ответил:

— Да, это я.

Тогда чужеземец слез с мула и сказал:

— Я магрибинец, житель Магриба. Выполни мою просьбу, Джаудар, и ты не пожалеешь, что встретил меня сегодня.

С этими словами он протянул Джаудару верёвку и попросил, чтобы тот связал его и бросил в воду. Джаудар наотрез отказался, но чужеземец продолжал уговаривать и упрашивать его:

— Свяжи меня, не бойся, — говорил он. — А потом брось меня в воду. Если я высуну руки из воды, закинь сеть и вытащи меня. Если же над водой покажутся ноги, знай, что я утонул. Тогда уж больше не думай обо мне и не пытайся меня спасти. Но этого мула отведи в город на рынок, там увидишь в дверях склада человека, похожего на меня. Отдай ему мула, и он даст тебе сто динаров.

Долго уговаривал чужеземец Джаудара, наконец тот согласился выполнить его странную просьбу. Связал он магрибинца и бросил его в воду. Джаудар немного подождал и тут увидел, как из воды вынырнули две ноги. Понял Джаудар, что чужеземец утонул. Взял он мула за уздечку, отвёл его в город на рынок, а из дверей склада уже шёл ему навстречу человек, очень похожий на утопленника. Не сказав ни слова, взял он мула и дал Джаудару сто динаров.

Джаудар пришёл домой и поделился деньгами с братьями. Сердце у него было мягкое, как воск, а доброта его не знала границ! На другой день он снова отправился ловить рыбу. Но как он ни бился, как ни старался, даже вьюна не поймал.

Начал он домой собираться, сложил сеть и вдруг видит — едет на муле какой-то чужеземец, как две капли воды похожий на вчерашнего утопленника. Слез он с мула и набросился на Джаудара:

— Рассказывай, что здесь вчера было!

Джаудар испугался и сначала не хотел ничего говорить, но у этого человека был такой властный взгляд, что бедный рыбак окаменел от ужаса и рассказал обо всём.

Бедняга, не помня себя от страха, ждал расправы за то, что он сделал вчера. Но как удивился Джаудар, когда чужеземец высказал ту же самуюпросьбу, что и магрибинец: хотел он, чтобы рыбак связал его и бросил в воду. Если покажутся руки, Джаудар должен был вытащить его сетью, а если ноги, так уж ничего не делать, только отвести мула на рынок, где за него дадут сто динаров.

Джаудар наконец согласился, связал чужеземца и бросил его в воду. Подождал он немного, а когда над водой показались ноги, взял мула и отвёл его на рынок. Снова получил Джаудар сто динаров, разделил их поровну с братьями и зарёкся ловить рыбу.

Но на другой день утром он не мог найти покоя, какая-то сила гнала его за город к озеру. Не выдержал Джаудар и снова пошёл туда. Забросил он сеть в воду просто так: улов ему теперь был не нужен, денег у них было много. Сидел он и в душе ругал себя, что снова пришёл к озеру.

И вдруг появился человек на муле, похожий на тех двух утопленников. Чужеземец сказал Джаудару, что он из Магриба, и спросил рыбака, не Джаудар ли он, сын купца из этого города. Джаудар кивнул и тут же рассказал чужеземцу обо всём, что случилось вчера и позавчера.

— О чужеземец, взмолился Джаудар, — ни о чём не проси меня. Я не свяжу тебя и не брошу в воду. Не стану я больше этого делать.

— Те двое, что здесь утонули, были мои братья, — сказал магрибинец.

— Было нас у отца четверо. Отец научил нас делать чудеса и колдовать, а когда умер, оставил нам много сокровищ и книгу мудрости. Из-за этой книги мы поссорились. Долго спорили мы, кому она достанется, и наконец пошли к шейху. Шейх сказал: "Книга достанется тому, кто принесёт мне зеркало вселенной, перстень всех дорог и меч молний. Тот, кто станет владельцем меча, победит любое войско: стоит ему только поднять меч, вылетит из него молния и всё уничтожит. Тот, кто владеет зеркалом, может заглянуть во все уголки света. Он найдёт каждого человека, где бы тот ни спрятался. Тот, у кого есть перстень, попадёт всюду, куда захочет: нужно только раз повернуть кольцо на пальце". Шейх добавил ещё, что раздобыть эти вещи нам поможет только Джаудар, сын купца из такого-то города. "Вы найдёте его у озера, за городом, где он ловит рыбу, — сказал шейх.

— А когда разыщете его, попросите, чтобы он связал вас и бросил в озеро. На дне озера вы должны сразиться с двумя сыновьями волшебника альМалика, победить их и взять в плен. Тот, кто справится с ними, отправится потом с Джаударом искать три волшебные вещи". Когда шейх кончил, мы посоветовались друг с другом, и один из нас, тот, что купил у тебя на рынке двух мулов, отказался от книги. Мы попросили его, чтобы он нашёл тебя и дал нам знать. И вот мы трое, один за другим, отправились к тебе. Что случилось с двумя моими братьями, ты и сам хорошо знаешь. Сегодня яв последний раз попытаю счастья. Свяжи меня, Джаудар, и брось в воду.У Джаудара голова закружилась, когда он дослушал этот длинный рассказ. В душе он проклинал себя, что впутался в эту историю с колдунами. Но отказать он никому не мог, не выдержал он и на этот раз, — связал чужеземца и бросил его в воду.

79

Магрибинец скрылся под водой, и Джаудар уже думал, что чужеземца постигла участь его братьев. Но вдруг озеро покрылось рябью, и через минуту из воды вынырнули две руки, каждая держала по красной рыбе. Джаудар быстро закинул сеть и вытащил магрибинца из воды.

Магрибинец отряхнулся, открыл сумки, привязанные с двух сторон к седлу, засунул в каждую по одной рыбе и сказал:

— Спасибо тебе, Джаудар! Но ты ещё нужен мне. Вот тебе тысяча динаров. Дай их матери, чтобы она ни в чём не нуждалась без тебя. Скажи ей, что ты поедешь странствовать по свету. Не рассказывай ей о том, что здесь случилось, и о том, что ты слышал от меня. Мы отправимся с тобой в город Фас, там ты поможешь мне раздобыть три волшебные вещи. Ты не пожалеешь о том, что пойдёшь со мной. Я сделаю тебя султаном.

Джаудар взял у магрибинца тысячу динаров и отнёс их матери.

— Я пойду странствовать по белу свету, — сказал он ей. — Не беспокойся обо мне, я скоро вернусь.

Джаудар тепло попрощался с братьями и попросил их заботиться о матери, пока его не будет.

На другой день магрибинец и Джаудар уже были в пути. В полдень магрибинец спросил Джаудара:

— Не хочешь ли ты поесть, Джаудар?

— О, конечно, хочу, — ответил Джаудар.

— А чего бы ты хотел?

Джаудар попросил кусок хлеба с сыром.

— Ты заслужил лучший обед, — сказал магрибинец и постучал по сумке, привязанной к седлу. — Не хочешь ли ты жареных цыплят? Или рису с мёдом, или, может быть, ты больше любишь засахаренный виноград?

И он перечислил Джаудару больше сорока кушаний.

— Но ведь в этой сумке не уместится столько еды! — воскликнул Джаудар. — Туда ты с трудом запихнёшь двух цыплят.

— Смотри же, — сказал магрибинец.

Он открыл сумку и вынул золотое блюдо с жареными цыплятами. Потом он вытащил другое блюдо — с рисом, за ним третье, четвёртое, пятое, — словом, вскоре перед Джаударом стояло сорок золотых блюд. На каждом лежали разные яства, одно лучше другого.

Изумлённый Джаудар не мог выдавить из себя ни слова.

— Ешь, — сказал ему магрибинец. — Рыбы, которых я вытащил из озера и сунул в сумки, это дети волшебника аль — Малика. Теперь они служат мне.

Джаудар не сказал ни слова, уже четвёртый день творились чудеса на его глазах. Сел он на землю и начал есть.

Потом они продолжали свой путь и через неделю пришли в город Фас. Магрибинец отыскал полуразрушенный дворец. Там они остановились. Магрибинец оставил Джаудара стеречь мула, а сам облазил все развалины. пока не нашёл того, что искал. Волшебник позвал Джаудара, и они спустились по разрушенной лестнице к медным воротам.

— А теперь, Джаудар, — сказал магрибинец, — ты войдёшь через эти ворота в тёмный проход. Не оглядывайся, иди вперёд, пока не дойдёшь до золотого занавеса. Отдерни его и войди в комнату. Там ты увидишь на серебряном сундуке свою мать. Не пугайся, когда она скажет тебе, чтобы ты ударил её по лицу. Это не твоя мать. Хранитель сокровищ принял на себя её облик. Когда ты ударишь её, она превратится в змею и уползёт. Не бойся, она ничего не сделает тебе. Потом ты откроешь сундук, достанешь из него зеркало вселенной, перстень всех путей и меч молний. Принеси всё это мне. Больше я от тебя ничего не потребую.Джаудар задрожал от страха. Знал он, что теперь ему не выпутаться из всех этих загадочных дел. Но отступать было поздно. Не надо было ему связываться с тем первым магрибинцем.

А его спутник уже три раза постучал в медные ворота. Наконец они открылись, и магрибинец втолкнул Джаудара в тёмный проход. Джаудар пошёл вперёд, колени у него подгибались от страха. Но он все шёл и шёл, не смотрел по сторонам, пока наконец не увидел перед собой золотой занавес. Он отдёрнул его и вошёл в комнату. В комнате стоял сундук, а на нём сидела женщина. Откинула она покрывало с лица, и Джаудар узнал свою родную мать. Словно громом поражённый остановился он.

— Джаудар, — воскликнула женщина, — хорошо, что ты пришёл. Ударь меня, мой сын!

И хотя Джаудар был робким человеком, он скорее вступил бы в бой с драконом, чем ударил бы свою мать.

— Ударь меня, Джаудар, — снова сказала женщина. — Твоим братьям было бы нетрудно это сделать.

Она встала с сундука и подставила Джаудару лицо. Напрасно вспоминал Джаудар слова магрибинца, будто это не его мать, а хранитель сокровищ, принявший её облик, чтобы сбить Джаудара с толку. Слезы брызнули из его глаз, в горле у него запершило, и вместо того, чтобы ударить женщину, он поцеловал её морщинистое лицо. В комнате сразу стало темно. Женщина исчезла. А когда снова все прояснилось, Джаудар увидел, что сундук сам открывается. Не раздумывая, схватил он зеркало вселенной, перстень всех путей и меч молний, повернулся и побежал обратно.

Магрибинец поблагодарил Джаудара, а волшебным вещам обрадовался, словно малое дитя. Джаудар побоялся рассказать ему, что произошло в комнате, но магрибинец начал расспрашивать, и Джаудару пришлось во всём сознаться. Магрибинец улыбнулся, когда услышал его рассказ, и сказал:

— Ты хороший сын, Джаудар. Если бы ты ударил женщину, мы бы с тобой оба жестоко поплатились за это. Всё дело в том, что никто, кроме тебя, не выдержал бы этого испытания. Но для тебя уважение и любовь к матери дороже всех сокровищ.

Потом магрибинец отвязал от седла обе сумки, отпустил мула на все четыре стороны, повернул перстень всех путей и пожелал про себя, чтобы они очутились в родном городе Джаудара. Через мгновение они уже были там.

Путники вошли в город, и тут же у городских ворот Джаудар увидел свою мать. Несчастная старуха просила милостыню. С плачем рассказала она, что как только Джаудар ушёл из дома, старшие сыновья отняли у неё деньги и выгнали на улицу. Джаудар утешал мать, как мог.

— Теперь уже до самой своей смерти ты не будешь знать ни печали, ни нужды.

Он пригласил магрибинца к себе, чтобы тот хоть день был его гостем. Но магрибинец сказал:

— Я должен отнести шейху волшебные вещи. Поэтому каждый день для меня дорог. Возьми себе волшебную сумку и запомни мои слова: придёт время, и ты станешь султаном в награду за то, что ты мне помог.

Магрибинец дал Джаудару волшебную сумку, попрощался с ним и покинул город. А Джаудар с матерью пошли к своему дому. Когда они пришли туда, братьев не было дома. Мать боялась там оставаться, но Джаудар сказал ей:

— Матушка, не бойся ничего. Я сам обо всём договорюсь с братьями. Вскоре братья вернулись домой и с бранью набросились на Джаудара:

— Да как ты посмел, бездельник, войти в наш дом? Но Джаудар тут же рассказал им о волшебной сумке, показал, какие чудеса она может делать, и начал вынимать из нее блюдо за блюдом с редкими кушаньями. Братья воспользовались добротой Джаудара и сделали вид, что любят его больше жизни.

Так прожили они неделю, другую, пока братья, наконец, не сговорились, как им навсегда избавиться от Джаудара и отнять у него волшебную сумку. Пошли они на пристань и разыскали там человека, который нанимал матросов. Они солгали ему, что у них есть злой брат, который обижает и мать, и их.

— Помоги нам избавиться от него, — попросили коварные братья. Человек этот согласился и сказал:

— Ну что ж, приведите своего брата, я как-нибудь справлюсь с ним.

В тот же вечер братья выманили Джаудара из дому, позвали его прогуляться по набережной, а там в условленном месте набросились на беднягу матросы, связали его и утащили на корабль.

Довольные братья вернулись домой, тут же выгнали мать и от волшебной сумки уже не отходили. Они ели, пили и ни о чём другом не думали.

Но через несколько дней братья уже начали ругаться из — за сумки. Наконец они рассказали о своём споре судье и, разгорячившись, проговорились о том, какие чудеса делает эта сумка. Когда судья услыхал об этом, он приказал отнять у них сумку и бросить их в тюрьму. Потом судья взял волшебную сумку и велел доложить о себе султану. Рассказал он султану о волшебной сумке и преподнёс ему её в подарок. Султан повысил судью в чине. Сумка с тех пор готовила днём и ночью яства для султана, а еды в ней всё не убывало.

Тем временем Джаудар стал матросом, плавал по морям в жару и в бурю, страдал от жажды, голодал. Как-то раз поднялась страшная буря, корабль потерпел крушение и почти все матросы погибли. Но среди тех, кто остался в живых, был и Джаудар.

Он нищенствовал в чужой стране, пока не пришёл в большой город. Джаудар бродил по улицам, изнемогал от жары и совсем ослаб от голода. Вдруг услыхал он, как кто-то крикнул:

Джаудар обернулся и узнал магрибинца, того самого, которому он помог достать три волшебные вещи. Магрибинец тут же обнял его и отвёл к себе домой. Там Джаудар рассказал ему, как он гулял с братьями по набережной, как матросы утащили его на корабль, обо всём, что он пережил во время плавания, и о том, как попал в эту страну.

Магрибинец приказал приготовить для Джаудара купальню с освежающей водой. Джаудар выкупался, магрибинец одел его в прекрасное платье и накормил вкусной едой. Когда гость насытился, хозяин сказал ему:

— Это город Магриб. Идём со мной к шейху, и ты узнаешь, что делается у тебя дома.

Магрибинец представил шейху Джаудара и сказал, что это тот самый человек, с чьей помощью он раздобыл зеркало вселенной, перстень всех путей и меч молний. Потом он попросил шейха, чтобы тот позволил им заглянуть в зеркало вселенной. Шейх провёл их в другой зал и отдёрнул со стены покрывало; под ним висело зеркало, которое Джаудар хорошо знал: зеркало это было величиной с блюдо. Шейх потёр его пальцами, и по стеклу заметались тени, из зеркала доносился шум, словно кто-то разговаривал вдалеке. Вдруг тени стали принимать очертания людей, и Джаудар узнал своих братьев. Услышал он, как они сговариваются избавиться от Джаудара и уговаривают чужого человека на пристани, словом, узнал обо всём. Наконец увидел он, как судья отобрал у братьев сумку и приказал бросить их в тюрьму, и то, как сумка оказалась у султана, который каждый день устраивает богатые пиры. У Джаудара сжалось сердце от жалости, когда он увидел, как его мать просит милостыню у городских ворот. Но и братьев он тоже пожалел: ведь им в тюрьме не сладко жилось.

Когда они узнали всё, что хотели знать, шейх снова закрыл зеркало покрывалом, и магрибинец с Джаударом вернулись домой. Магрибинец уговаривал Джаудара погостить, но тот хотел поскорее вернуться на родину, чтобы помочь матери и братьям.

Магрибинец не стал удерживать Джаудара. Но прежде чем расстаться с ним, он повесил ему на шею цепочку, а на той цепочке был медный шарик.

— Я пообещал, что сделаю тебя султаном, — сказал магрибинец. — Пришло время, чтобы я исполнил свое обещание. Шейх с помощью перстня всех путей доставит тебя домой. Ночью ты очутишься на окраине родного города. Возьми в руку шарик, который висит у тебя на шее, потри его пальцами и выскажи вслух пожелание, чтобы на том месте, где ты стоишь, вырос дворец в сто раз прекраснее дворца султана. А потом пожелай, чтобы волшебная сумка снова оказалась у тебя. Султан пошлёт против тебя своё войско, но ты с помощью этого шарика устоишь в бою и сам станешь султаном.

Ещё в ту же ночь Джаудар был на окраине родного города, которого он так долго не видел. Джаудар потёр пальцами шарик, как велел ему магрибинец, и пожелал, чтобы на том месте, где он стоит, вырос дворец в сто раз прекраснее, чем дворец султана. И тотчас появился чудесный дворец с золотой крышей, с золотыми башнями и балконами.

Слуги окружили Джаудара и повели его в роскошные покои, где играла музыка и кружились танцовщицы, такие красавицы, каких Джаудар в жизни своей не видывал.

Потом Джаудар снова потёр шарик и пожелал, чтобы здесь была его мать. Тотчас его желание исполнилось. Мать Джаудара не хотела верить своим глазам, когда вдруг очутилась в этом великолепном дворце. В первую минуту она даже не узнала своего сына Джаудара, одетого в дорогие одежды. А Джаудар обнимал её и говорил, что теперь они уже никогда не расстанутся. Он отвёл для неё роскошные покои и приказал слугам обращаться с матерью, как с царицей. Потом Джаудар в третий раз потёр медный шарик и пожелал, чтобы волшебная сумка снова была у него. И это пожелание исполнилось без промедления. Волшебная сумка словно с неба свалилась ему под ноги.

Как раз в этот миг во дворце у султана забили тревогу. Султан угощал на пиру своих приближенных, и повара не успевали вынимать из волшебной сумки блюда с редкими яствами, — и вдруг сумка исчезла, словно сквозь землю провалилась. Перепуганные слуги позвали султана, обыскали весь дворец, но сумку так и не нашли. Тут султану уже было не до веселья.

Ещё больше разозлился он рано утром, когда увидал на другом конце города огромный дворец. Рядом с ним его собственный замок казался просто убогой рыбацкой хижиной. Султан отправил во дворец своего посла, чтобы тот немедленно доставил к нему наглеца, осмелившегося возвыситься над султаном. Дерзкого обидчика ждала жестокая расправа. Но стоило послу султана подойти к воротам дворца Джаудара, как на него набросились двое здоровенных стражников и так отдубасили его, что тот еле ноги уволок.

Султан был вне себя от гнева, когда узнал о случившемся. Он послал целый полк воинов, чтобы они захватили дворец и взяли в плен дерзкого хозяина. Но как только воины султана очутились перед дворцом, они остановились словно вкопанные. Никто не мог ни рукой, ни ногой пошевелить, кони не двигались с места, все словно окаменели. И всё это сделал Джаудар с помощью медного шарика.Разгневанный султан смотрел из окна своего дворца и чуть не лопнул от злости. Тут визирь посоветовал ему, чтобы он сам отправился во дворец.

— О повелитель, — сказал хитрый вельможа. — Видно, тот, кто владеет этим дворцом, сильнее тебя. Ничего другого не остаётся как подчиниться ему, чтобы не навлечь на себя его гнев.

Вот и отправились султан со своим визирем во дворец к Джаудару.Тот принял султана со всеми почестями и устроил роскошный пир. Добрый Джаудар с первого взгляда понравился султану.

На пиру, видя вокруг себя такое богатство, султан сказал Джаудару:

— Я вижу, что могущество твоё велико. Не хотел бы ты быть моим союзником?Джаудар согласился, и ещё не окончился пир, как султан предложил ему в жёны свою дочь. Царевна была прекрасна, как день, кожа её была белее сахара, а её стройный стан мог соперничать с кипарисом.

Когда на другой день султан привёл дочь к Джаудару, чтобы познакомить их друг с другом, Джаудар влюбился в неё с первого взгляда, и царевна тут же подарила ему своё сердце. После этого уже не было причины откладывать свадьбу. А на свадебном пиру повара не успевали вынимать из волшебной сумки блюда с редкими кушаньями.

Волшебная сумка с тех пор не знала отдыха. Джаудар хорошо помнил, как тяжело жить в нужде. Поэтому он приказал раздавать еду из сумки не только жителям этого города, но и людям из всех уголков его царства. Каждый день приходили толпы людей за рисом, зерном, фруктами, и с тех пор никто в той стране не страдал от голода.

Наконец султан передал власть Джаудару, и ничего лучшего он не мог сделать. Такого мудрого правителя не было ни в одном государстве на свете.Братьев Джаудара уже давно выпустили из тюрьмы, но они должны были покинуть родину. На сей раз не простил им Джаудар, что они так жестоко поступили с матерью. Снарядил он для них корабль и посоветовал им зарабатывать себе на жизнь перевозкой товаров где—нибудь в чужой стране.

— Здесь вы не смеете появляться, — сказал он братьям на прощанье.И с тех пор он ничего о них не слыхал.

Вскоре после свадьбы Джаудар отправился с прекрасной женой на прогулку за город, чтобы показать ей то озеро, где встретился он со своим счастьем. Когда они наклонились над водой и, смеясь, смотрели на танцы серебряных рыбок, что-то вдруг булькнуло, словно камушек упал в воду.

Джаудар схватился за грудь и увидел, что медный шарик исчез, только разорванная цепочка висела у него на шее.

Но на что ему теперь был нужен волшебный шарик! Джаудар даже не пожалел о нём и только обрадовался, что всем чудесам пришёл конец. Только одной волшебной вещью он дорожил — сумкой. Ведь она служилане ему одному, а всем людям в той стране, чтобы они жили в достатке и никогда не знали голода и нужды.

За это люди прославляли Джаудара и любили всем сердцем, а раз его народ жил хорошо, у Джаудара было легко на душе.

Долгие, долгие годы мудро правил он и был счастлив, а

Что было дальше, знает лишь луна,

Что каждой ночью на небе восходит,

Она всё видит, но молчит она,

Секреты все храня на небосводе.

СКАЗКА О КОНЕ ИЗ ЧЁРНОГО ДЕРЕВА

Жил в древние времена великий царь. Было у него три дочери, подобные полным лунам, и сын, ловкий как газель и прекрасный как летнее утро.

Однажды пришли на царский двор три чужеземца. Один нёс золотого павлина, другой — медную трубу, а у третьего был конь из слоновой кости и чёрного дерева.

— Что это за вещи? — спросил царь.

— Тот, у кого есть золотой павлин, — ответил первый чужеземец, — всегда будет знать, который час. Как только пройдёт час дня или ночи, птица хлопает крыльями и кричит.

— Тот, у кого есть медная труба, — молвил второй, — не должен ничего бояться. Неприятель ещё будет далеко, а труба сама затрубит и предупредит всех об опасности.

А третий чужеземец сказал:

— Тот, у кого есть конь из чёрного дерева, попадёт в любую страну, куда ему только вздумается.

— Не поверю я вам, пока сам не испытаю этих вещей, — ответил царь.

Близился полдень, солнце стояло прямо над головой, тут павлин захлопал крыльями и закричал. В этот миг в ворота дворца вошёл проситель. Труба вдруг ни с того ни с сего затрубила. Царь приказал обыскать пришельца, и слуги нашли у него под одеждой меч. Пришелец сознался, что хотел убить царя.

— Это очень полезные вещи, — обрадовался царь. — Что вы хотите получить за них?

— Дай мне в жёны твою дочь, — попросил первый чужеземец.

— Я тоже хочу жениться на царевне, — сказал второй.

Царь, не раздумывая, взял у них павлина и трубу и отдал им в жёны своих дочерей.

Тут подошёл к царю третий чужеземец, владелец коня из чёрного дерева.

— О владыка, — молвил он с поклоном, — возьми себе коня и дай мне в жёны третью царевну.

— Не спеши, — сказал царь. — Мы ещё не испытали твоего коня. В это время подошёл сын царя и сказал отцу:

— Позволь мне сесть на этого коня и испытать его.

— Испытывай его, как хочешь, — ответил царь.

Царевич вскочил на коня, пришпорил его, дёрнул за узду, но конь стоял как вкопанный.

— Ты что, из ума выжил, несчастный?! — закричал царь на чужеземца. — Да как ты посмел обмануть владыку? Убирайся прочь со своим конём, не то прикажу бросить тебя в темницу.

Но чужеземец не смутился. Он подошёл к царевичу и показал ему небольшую кнопку из слоновой кости, которая была у коня на шее с правой стороны.

— Нажми на эту кнопку, — сказал он царевичу.

Царевич нажал на кнопку, и вдруг конь поднялся к облакам и полетел быстрее ветра. Он поднимался всё выше и выше, и наконец царевич совсем потерял из виду землю. У него закружилась голова, он должен был обеими руками обхватить коня за шею, чтобы не упасть. Царевич уже жалел, что сел на коня и мысленно прощался с жизнью.

Но тут он заметил, что у коня на шее с левой стороны точь — в — точь такая же кнопка. Царевич нажал на неё, — конь полетел медленнее и стал опускаться. Тогда царевич снова нажал кнопку с правой стороны, — конь опять стрелой полетел ввысь и мчался словно вихрь над облаками. Царевич обрадовался, что он открыл тайну коня и может им управлять. Возбуждённый быстрой ездой на волшебном коне, царевич стал то опускаться, то подниматься. Он испытывал такое наслаждение от полёта, какого до сих пор не довелось познать никому из смертных.

Когда царевич устал, он нажал кнопку с левой стороны и начал опускаться. Он опускался весь день, пока наконец не увидел землю.

Это был чужой край, с озёрами и быстрыми потоками, с зелёными лесами, где водилось много разной дичи, а посреди страны стоял чудесный город с белыми дворцами и кипарисовыми рощами.

Царевич опускался всё ниже и ниже и наконец направил коня ко дворцу, построенному из золотых кирпичей. Дворец стоял вдали от города среди розовых садов. Царевич опустился на крышу дворца и слез с коня. Он удивился, что кругом так тихо, словно всё вымерло. Не слышно было никакого шума, ничто не нарушало тишины. Царевич решил здесь переночевать, а утром отправиться домой. Он уселся поудобнее и стал смотреть, как ночь окутывает кроны деревьев.

Так сидел он, опершись о ноги деревянного коня, и смотрел вниз. Вдруг заметил он свет в розовом саду. Царевичу показалось, что звезда спустилась в сад, она приближалась всё ближе, росла, распалась на десять огней, и тут царевич разглядел прекрасных невольниц в серебряных покрывалах со светильниками в руках.

Они окружали девушку, такую красавицу, что стоило царевичу взглянуть на неё, как сердце у него замерло. Девушки вошли во дворец, и тут же окна осветились ярким светом, заиграла прекрасная музыка, а воздух наполнился чудесным запахом ладана и амбры.

Царевич не мог совладать с собой, он размотал свой тюрбан и спустился по нему вниз к окну, из которого лился самый яркий свет. Через окно он влез в комнату, где сидели девушки. Они с криком разбежались, и только самая прекрасная не двинулась с места, словно он приворожил её. Она не могла отвести глаз от лица царевича. Любовь нежданно расцвела в их сердцах.

Они рассказали друг другу о себе. Красавица сказала царевичу, что она дочь царя. Этот дворец царь построил для неё, чтобы ей было где повеселиться, когда ей станет скучно в доме своего отца.

А тем временем девушки из свиты царевны прибежали во дворец, разбудили царя и закричали:

— Царь, помоги! Злой дух влетел через окно к царевне и не отпускает её от себя.

Царь не стал мешкать. Он прицепил меч к поясу и побежал во дворец к царевне.

Он ворвался в её комнату, думая, что увидит свою плачущую дочь в когтях ужасного джинна. Но вместо этого он застал её за беседой с прекрасным юношей. Девушка весело улыбалась ему. Тут царя охватила ярость.

Он бросился с обнаженным мечом на чужеземца, но царевич тоже обнажил свой меч. Царь не решился вступить в поединок с ловким, полным сил юношей и опустил свой меч.

— Ты человек или джинн? — крикнул он.

— Я такой же человек, как и ты, — ответил юноша. — Я сын царя и прошу тебя дать мне в жёны свою дочь. А если не дашь, так я её сам возьму. Царь удивился, услышав эти смелые слова:

Он вошёл к царевне, поклонился ей до земли и сказал:

— Только попробуй, — воскликнул он. — В городе стоит моё войско.

— Я одолею всех твоих воинов.

Не думал царевич, что царь поймает его на слове.

— Ладно, — сказал царь, — я дам тебе в жёны царевну только тогда, когда ты сразишься в поле с сорока тысячами всадников.

Царевичу было стыдно сознаться перед царевной, что ему это не под силу, и он сказал царю, что завтра же сразится с его войском. Царь предложил царевичу переночевать в его дворце, и все трое направились туда. Во дворце каждый по — своему дожидался утра. В это утро должно было решиться, станет ли молодой чужеземец зятем царя.

Царевич тут же уснул как убитый: его утомил стремительный полёт над облаками.

Царь долго ворочался на своём ложе, прежде чем уснуть: боялся он, что его воины убьют царевича, и он лишится милого зятя. Царевна всю ночь не сомкнула глаз, так страшно ей было за своего возлюбленного.

Как только взошло солнце, в поле за городом выстроилось сорок тысяч всадников, готовых к бою. Царь приказал привести для царевича самого лучшего коня из царских конюшен, но царевич вежливо поблагодарил его и сказал, что он сядет только на своего коня.

— А где же твой конь? — спросил царь.

— На крыше дворца царевны, — ответил царевич.

Царь подумал, что царевич смеётся над ним: как мог конь попасть на крышу? Но царевич настаивал на своём, и царю ничего другого не оставалось, как послать своих слуг на крышу за конём. Вскоре двое сильных слуг вернулись и принесли коня. Он был так красив, что царь и его приближённые от удивления разинули рты. Но ещё больше удивились они, когда увидели, что конь этот сделан из дерева.

— Ну, на этом коне тебе не справиться с моим войском, — сказал царь.

Царевич ни слова не ответил, вскочил на волшебного коня, нажал кнопку с правой стороны, и конь стрелой взвился в воздух. Не успели царь и воины опомниться, как конь с царевичем были уже так высоко, что казались крошечной ласточкой в небесной синеве.

ЖдАли-ждали они, но всадник на волшебном коне не возвращался. Царь отправился во дворец и рассказал царевне о том, что случилось. Царевна зарыдала; она сказала отцу, что не станет жить без своего возлюбленного, и отправилась во дворец из золотых кирпичей. Там она заперлась, ничего не ела, не спала и всё только горевала о своём царевиче. Отец уговаривал её выбросить из головы молодого чужеземца.

— Ведь это всё равно не царевич, а колдун, разве кто другой может летать по воздуху, — говорил царь.

Но сколько он ни убеждал, ни упрашивал, царевна была безутешна и тяжело заболела с тоски.

А тем временем царевич на волшебном коне поднялся так высоко, что потерял из виду землю. Он наслаждался полётом и всё же тосковал по прекрасной царевне.Но юноша решил, что вернётся он к ней только после того, как повидается со своим отцом, который наверное не спит от горя и забот о своём сыне и разыскивает его по всей стране. Царевич летел, летел, пока не увидел внизу башни родного города. Он опустился на крышу царского дворца, слез с коня и побежал прямо к отцу.

Как обрадовались все, когда увидали, что царевич жив и здоров! Он рассказал отцу о том, как научился управлять конём, как попал в далёкую чужую страну и влюбился там в царевну. А потом он спросил, что стало с владельцем волшебного коня, с тем чужеземцем, который хотел в награду взять себе в жёны царскую дочь.

— Этого проходимца бросили в тюрьму, потому что ты пропал по его вине, — сказал царь.

— Ты бросил его в темницу за то, что он подарил нам такую чудесную вещь? — воскликнул царевич. — Ведь он скорее заслуживает того, чтобы весь двор упал перед ним ниц.

Царь тотчас велел выпустить чужеземца из тюрьмы и пожаловал ему самое высокое придворное звание.

Чужеземец вежливо поблагодарил его за эту честь, но в глубине души затаил обиду. Ему хотелось жениться на царевне, а он её не получил. Но колдун ничем себя не выдал и ждал случая, чтобы отомстить.

Вскоре царевичу наскучил родной дом. Он не находил себе покоя и тосковал по царевне из далёкой чужой страны. Напрасно царь умолял сына не подвергать себя опасности: царевич не послушался. Однажды он вскочил на коня из чёрного дерева и улетел. Он летел, летел, пока не очутился в той чужой стране. Царевич опять опустился на крышу дворца из золотых кирпичей, что стоял посреди розовых садов.

Царевна лежала в своей комнате, бледная и осунувшаяся, кругом была тишина. Но тут кто-то отдернул полог, — в комнату вошёл ее возлюбленный. Всю болезнь с царевны как рукой сняло. Сияя, вскочила она со своего ложа и бросилась на шею царевичу.

— Хочешь, поедем со мной в моё царство? — спросил царевич. Девушка кивнула, и не успели испуганные служанки опомниться, как царевич взял её на руки и вынес на крышу дворца. Там посадил он её на волшебного коня, вскочил ему на спину и нажал на кнопку с правой стороны. И вот они уже летели над облаками, прижавшись друг к другу, опьяненные встречей и очарованные волшебным полетом.

Внизу, во дворце из золотых кирпичей, поднялась тревога, слуги позвали царя, но было поздно. Царь рвал на себе волосы и оплакивал пропавшую дочь. Он думал, что ему не суждено больше её увидеть.

А царевич с царевной летели и летели и даже не вспомнили о старом царе. Наконец очутились они над городом, где правил отец царевича, и опустились на землю в одном из царских садов. Царевич спрятал царевну в беседку, вокруг которой цвели лилии, нарциссы, благоухал жасмин; деревянного коня он поставил рядом, а сам пошёл к отцу.

Все обрадовались, что царевич снова вернулся домой, а царь чуть не потерял разум от счастья. Царевич рассказал ему, что он привёз прекрасную невесту, и попросил у отца разрешения жениться на ней. Царь думал, что если царевич женится, то уж навсегда оставит эти бешеные скачки по воздуху. Поэтому он тут же согласился отпраздновать свадьбу.

Жители начали украшать город, повсюду шли приготовления к роскошной свадьбе.

В сад, где была спрятана царевна, царевич послал певиц и девушек с арфами. Он приказал выпустить туда тысячу соловьев, чтобы они скрасили ей ожидание. А чужеземец, владелец волшебного коня, затаил в сердце страшный гнев и чуть не задохнулся от злости, увидев праздничные приготовления. Чтобы не смотреть на всё это, он стал бродить по царским садам. И случилось, что он подошёл к беседке, окружённой жасмином и нарциссами. Там заметил он своего коня.

Мудрец заглянул в беседку и увидел девушку редкой красоты. Чужеземец сразу догадался, что это невеста царевича, и решил, что теперь он сможет отомстить всем за обиду и за то, что у него отобрали коня.

Он вошёл к царевне, поклонился ей до земли и сказал:

— Царевич, мой повелитель, послал меня сюда, чтобы я спрятал тебя в другое место. Здесь тебе угрожает опасность.

Царевна, взглянув на его безобразное лицо, испугалась. Мудрец сразу заметил это и сказал:

— Царевич очень ревнив, поэтому он послал за тобой меня, самого некрасивого из своих друзей, чтобы я не пришёлся тебе по сердцу.

Царевна улыбнулась. Ей было приятно, что царевич боится за неё. Она протянула руку безобразному чужеземцу и вышла с ним из беседки. Мудрец подвёл девушку к волшебному коню и сказал:

— Садись на коня. Царевич хотел, чтобы ты ехала на нём.

Царевна влезла на коня, мудрец сел сзади, нажал кнопку с правой стороны, и конь взлетел в воздух так быстро, что тут же исчез из виду.

Через некоторое время царевна, встревоженная тем, что они летят всё быстрее и быстрее, спросила:

— Разве царские сады такие огромные, что мы должны так долго лететь? Тут отвратительный урод злобно рассмеялся и сказал царевне:

— Так знай же, что я великий волшебник. Я сам сделал этого коня и увёз тебя, чтобы отомстить царевичу.

Волшебник стал хвастаться своим могуществом.

— Если я захочу, — говорил он, — так все звёзды опустятся мне на голову, как осы на спелую сливу.

Это он уже выдумал, но царевне было всё равно: услышав его первые слова, она потеряла сознание.

А тем временем в сад направилась пышная процессия во главе с царевичем, чтобы отвести царевну в царский дворец, где ей приготовили свадебный наряд. Царевич очень удивился, что не слышно музыки и пения соловьев. Он оставил свиту и побежал к беседке, в которой была спрятана царевна. Но беседка была пуста. Вне себя от ужаса выбежал он в сад и тут только заметил, что конь из чёрного дерева тоже исчез. Царевич звал царевну, обыскал заросли жасмина, но её и след простыл. Тут одна из девушек-арфисток, которых послал он в сад, рассказала ему, что за царевной приходил чужой человек и что он улетел с ней на чудесном коне. Когда девушка описала царевичу внешность этого человека, он узнал в нем владельца волшебного коня. Царевич понял, что чужеземец отомстил ему за обиду. От горя он чуть не лишился разума, проклинал волшебника и свою злую судьбу, смотрел вверх, надеясь увидеть в облаках коня с царевной. Но даже если бы царевич увидел его, то всё равно не смог бы ничего сделать.

Царевна была далеко, далеко. Вечером чужеземец направил коня к земле, они опустились на зелёный луг, через который протекала река. Здесь он решил отдохнуть. И случилось так, что как раз в это время возвращался с охоты царь той страны. Он заметил старика и девушку и приказал своей свите остановиться. Царь начал расспрашивать, что они за люди и как попали в его страну.

— Я догадываюсь по твоему виду и по свите, которая окружает тебя, что передо мной царь, — сказал мудрец. — Так прости же, что я и моя сестра сидим на твоём лугу. Мы очень утомились после долгого пути.

— О царь! Он лжёт, — воскликнула царевна. — Я не сестра ему. Он насильно увёз меня. Спаси меня, о господин, и я буду благодарна тебе до смерти.Царь тут же приказал связать безобразного волшебника и приготовить для царевны носилки. Потом он стал рассматривать коня из чёрного дерева. Ему понравилась искусная работа и узоры из слоновой кости, но ни безобразный мудрец, ни царевна не открыли ему тайны волшебного коня. Царь велел отнести коня в царский дворец. Он проводил туда царевну и приказал отвести для неё самые красивые покои. А злого волшебника, похитившего царевну, царские слуги бросили в тюрьму.

Казалось, что царевна избежала опасности. Но она попала из огня да в полымя. Царь страстно полюбил её и никуда не выпускал из дворца. Вскоре он сказал девушке, что хочет на ней жениться.

Тем временем царевич, её настоящий жених, переодетый в простую одежду, ходил из города в город, из страны в страну и всюду расспрашивал о безобразном старике, о прекрасной девушке и о коне из чёрного дерева; но никто не мог рассказать ему о них. Долго он так ходил, и прошло много месяцев, пока наконец счастье не улыбнулось ему. В одном из городов на рынке купцы рассказывали о том, как царь соседней страны, возвращаясь с охоты, заметил на лугу прекрасную девушку. Он освободил её из рук старого урода и страстно влюбился в неё. Во всём этом нет ничего удивительного. Но деревянный конь — поистине чудо из чудес: он украшен слоновой костью, и его нельзя отличить от живого.

Как только царевич услышал об этом, сердце у него в груди подскочило от радости, и он тут же отправился в соседнюю страну. Шёл он целую ночь, а потом день и ещё одну ночь и пришёл, наконец, в царскую столицу. А в городе только и разговоров было, что о прекрасной девушке, которую безумно полюбил царь. Но люди рассказывали, что девушка та не в своем уме. Царь сделал всё, чтобы вылечить ее, но никакие средства не помогли.

Царевич не мешкая направился в царский дворец и приказал доложить о себе как об искусном лекаре из далёкой страны, который может

93

вылечить любой недуг. Царь обрадовался и рассказал ему о том, как он нашёл царевну и как она теперь не ест, не спит, никого к себе не подпускает, рвёт в клочья дорогие покрывала и разбивает вдребезги чудесные зеркала и кубки.

Царевич выслушал его и сказал:

— Прежде чем начать лечение царевны, я должен взглянуть на того коня из чёрного дерева.

Царь приказал принести коня во двор, и царевич внимательно осмотрел его. А когда юноша увидел, что конь цел и что с ним ничего не случилось, и, главное, обе кнопки на месте, он сказал царю:

— Приставь стражу к этому коню, а меня проводи к больной девушке.

Царь проводил его до комнаты царевны. Царевич попросил не мешать ему и один вошёл к своей невесте. Как только девушка взглянула на него, она мигом узнала в переодетом лекаре своего возлюбленного. От радости царевна чуть и вправду не лишилась рассудка. Царевич рассказал ей, что она должна делать, чтобы он смог её освободить, и вернулся к царю.

— О царь, — сказал он. — Девушке уже лучше, но чтобы она совсем исцелилась, я должен прочесть ещё одно заклинание. Прикажи принести коня на тот луг, где ты нашёл девушку. И пусть твои слуги приведут туда царевну.

Царь, обрадованный тем, что чужеземный лекарь вылечит его невесту, сделал всё, о чём просил его царевич. Конь уже стоял на лугу за городом, слуги привели туда царевну. Сам царь, окружённый придворными, явился туда и ждал, что будет делать лекарь.

Царевич посадил царевну на волшебного коня, сел сзади неё и нажал кнопку на шее коня с правой стороны. И тут случилось то, чего никто не ждал. Кто бы мог подумать, что деревянный конь стрелой взовьётся в воздух, словно крылатая птица, и тут же поднимется до облаков. Пока перепуганный царь опомнился и приказал воинам натянуть тетиву и стрелять по беглецам, волшебный конь уже был так высоко, что казался крошечной мошкой.

А царевич с царевной уже не думали о бедном влюблённом царе и радовались тому, что судьба снова соединила их. Они летели над горами и долинами, пока наконец не очутились на родине царевича. Тут же они справили пышную свадьбу, на которую со своей свитой прибыл и отец царевны. Он простил их, увидев, как они любят друг друга, и решил про себя, что его дочь счастливо вышла замуж. И снова весь город был празднично украшен. Люди пировали и веселились много ночей подряд. Ясная луна радовалась их счастью, выглядывая из небесных окон, а внизу под ней вся земля покрылась цветами жасмина.

После свадьбы царевич захотел прокатиться на волшебном коне. Он искал его повсюду, но не нашёл. Старый царь приказал сломать коня, чтобы сын уже никогда не смог подняться в поднебесье. Царевичу было жаль коня из чёрного дерева, но он вскоре забыл о нем: и без коня юноша был счастлив. А когда много лет спустя он рассказал своим детям о волшебном коне, они не поверили ему и подумали, что это чудесная сказка.

СКАЗКА О НЕЧЕСТНОМ ХАББЕ

Рассказывают, что два человека, один по имени Хабба, другой — Мугаффаль, решили вместе завести торговое дело.

Однажды за городом они нашли на дороге кошелек, в котором была тысяча динаров .

Они решили тотчас же вернуться в город и, подойдя к городской стене, стали делить деньги.

— Половину этого золота возьми себе, а вторую половину дай мне,— сказал Мугаффаль Хаббе.

Но Хабба решил все деньги присвоить себе.

— Не будем делить,— ответил он Мугаффалю,— пусть каждый из нас возьмет немного на расходы, а остальное зароем под деревом. Место это безопасное; когда нам понадобятся деньги, мы будем приходить сюда и брать, сколько нужно.

Они взяли немного денег, а остальные зарыли под деревом и отправились в город. Через некоторое время Хабба пришел к дереву один, взял все зарытые динары и вернулся к себе домой.

Спустя месяц Хабба пришел к Мугаффалю.

— Пойдем возьмем немного денег на расходы,— сказал он.

Они отправились к дереву, стали рыть землю, но ничего не нашли.

Хабба принялся бранить Мугаффаля, дергать его за бороду, награждать тумаками.

— Это ты взял деньги! Кроме тебя, никто не знал этого места! — кричал он.

А рассерженный Мугаффаль в свою очередь стал проклинать неведомого вора.

Затем они отправились к судье и рассказали ему свою историю.

— Можешь ли ты доказать справедливость твоего обвинения? — спросил судья Хаббу.

— Да,— ответил Хабба.— Дерево, под которым были зарыты динары, само подтвердит, что деньги взял Мугаффаль.

Дело было в том, что Хабба приказал своему отцу спрятаться в дупле и в случае надобности отвечать вместо дерева.

— Пойдем с нами к дереву,— сказал Хабба судье. И все — судья, Хабба и Мугаффаль — отправились к дереву. Судья задал вопрос, и старик ответил:

— Да, динары взял Мугаффаль.

Услышав этот ответ, судья очень удивился. Он обошел дерево вокруг и заметил торчавший из дупла край одежды. Тогда он приказал поджечь дерево. Почуяв надвигавшуюся гибель, отец Хаббы выдал себя и взмолился о помощи. Судья допросил его, и старик рассказал все как было. Судья отобрал у Хаббы динары и отдал их Мугаффалю, а Хаббу наказал.

СКАЗКА О САМОМ ЖАДНОМ ЧЕЛОВЕКЕ

В одном городе страны хауса жил скряга На-хана. И был он таким жадным, что никто из жителей города никогда не видел, чтобы На-хана дал хотя бы воды путнику. Он предпочел бы получить пару пощечин, чем потерять самую малость из своего состояния. А состояние это было немалым. На-хана, наверное, и сам не знал точно, сколько у него коз и овец.

Однажды, вернувшись с пастбища, На-хана увидел, что одна из его коз засунула голову в горшок, а вытащить ее не может. На-хана долго сам пытался снять горшок, но тщетно Тогда он позвал мясников и после долгой торговли продал им козу с условием, что они отрежут ей голову и вернут ему горшок. Мясники зарезали козу, но, когда вынимали ее голову, разбили горшок. На-хана был разъярен.

— Я продал козу себе в убыток, а вы еще и горшок разбили! — кричал он. И даже заплакал.

С тех пор он не оставлял горшки на земле, а ставил их куда-нибудь повыше, чтобы козы или овцы не засунули в них голову и не нанесли ему убытка. А люди стали называть его великим скрягой и самым жадным человеком.

СКАЗКА О РЫБАКЕ

Жил-был когда-то давно один рыбак. У него были жена и трое детей. Целый день он ловил рыбу, а вечером продавал её на рынке и покупал хлеб и мясо для своей семьи. И каждый день он закидывал сеть три раза — не больше.

И вот однажды утром он положил на плечо свою сеть, взял корзину и пошёл ловить рыбу. Он поставил корзину на берег, засучил рукава и закинул сеть как можно дальше в море. Когда сеть погрузилась в воду, рыбак осторожно потянул её назад и почувствовал, что сеть тяжёлая.

«В неё, наверно, попало много рыбы»,— подумал рыбак. Когда он вытянул сеть на берег и развернул её, то увидел, что в сети запутался мёртвый осёл и сеть вся порвана.

«Вот чудо!— подумал рыбак.— Я уже много лет ловлю здесь рыбу, но ни разу мне в сеть не попадался осёл».

Рыбак кое-как починил сеть и ещё раз закинул её в море.

Когда сеть погрузилась в воду, он попробовал её вытянуть, но опять сеть была тяжёлая, тяжелей, чем в первый раз.

Наконец он втащил сеть на берег и развернул её и нашёл в ней черепки, осколки стекла и кости.

— Горе мне!— закричал рыбак и ударил рукой об руку.— Кажется, в море подохла вся рыба. Закину сеть ещё раз, и если ничего не поймаю, придётся вернуться домой без рыбы.

И снова закинул рыбак свою сеть в море и дождался, пока она погрузилась в воду. Он начал её вытягивать, но сеть никак не поддавалась.

«Она, верно, зацепилась за что-нибудь»,— подумал рыбак. Он быстро разделся, вошёл в воду и нырнул. Долго пришлось ему биться над сетью, пока он не отцепил её. А когда он вытащил сеть на берег, в ней оказался большой медный кувшин, запечатанный свинцовой печатью.

Рыбак обрадовался и сказал сам себе: «Посмотрю, что такое в этом кувшине, и продам его. На рынке медников мне за него могут дать, пожалуй, золотой».

Он вынул из-за пазухи нож и попробовал сорвать печать, но она плотно пристала к горлышку кувшина и не поддавалась. Наконец рыбаку удалось открыть кувшин, и он наклонил его. Но из кувшина ничего не вылилось.

— Он пустой! А я-то думал, в нём золото!— воскликнул рыбак и поставил кувшин прямо.

И вдруг из кувшина пошёл густой дым. Он поднимался всё выше и выше и наконец дошёл до самых облаков. И когда дым весь вышел из кувшина, дым этот превратился в огромное чудовище, у которого ноги были на земле, а голова — в небе.

Руки у него были длинные, до самых пяток, пальцы — крючковатые, с когтями, как у льва. Ноги его, точно столбы, вросли в землю, во рту, широком, как городские ворота, торчали длинные острые зубы, из ноздрей валил дым, а из глаз летели искры. И голова — огромная, точно купол,— качалась из стороны в сторону. И вдруг этот великан закричал страшным голосом, от которого загудело всё вокруг:

— Слушай, рыбак! Сейчас я тебя обрадую.

Рыбак со страху упал на землю. У него во рту пересохло и зубы громко застучали. Полежав немного, он поднял голову и спросил:

— Чем же ты меня обрадуешь, о джинн?

— Тем, что убью тебя сию же минуту.

— О начальник джиннов, не убивай меня!— закричал рыбак.— Я ведь только что вытащил тебя со дна моря.

— За то, что ты меня вытащил, я окажу тебе милость: выбирай, какой смертью хочешь умереть. Что тебе приятнее: чтобы я тебя разорвал, повесил или утопил в море?

— За что ты меня убиваешь?— спросил рыбак.

— Послушай мою историю, о рыбак,— сказал джинн.

— Рассказывай, да поскорей, а то мне страшно на тебя смотреть,— ответил рыбак.

— Знай, рыбак,— сказал джинн,— что я был стражником у царя ифритов. Однажды я ослушался царя, и царь велел посадить меня в этот кувшин и бросить в море. Я пролежал в море сто лет и сказал: «Тому, кто освободит меня, я дам много денег». Но никто не освободил меня. Когда прошло ещё сто лет, я сказал: «Тому, кто освободит меня, я исполню все желания». Но опять никто не освободил меня. Прошло ещё пятьсот лет, и я сказал: «Тому, кто освободит меня, я открою сокровища земли». Но я пролежал в кувшине ещё тысячу лет, и никто не освободил меня. Тогда я очень рассердился и сказал сам себе: «Всякого, кто меня освободит, я убью и дам ему выбрать, какой смертью умереть». И вот ты освободил меня — выбирай же, как тебе умереть.

Когда рыбак услышал слова ифрита, он громко заплакал и сказал:

— Помилуй меня за то, что я освободил тебя из этого кувшина.

— Я потому и хочу убить тебя, что ты меня освободил,— сказал ифрит.

И тогда рыбак подумал: «Это — ифрит, а я — человек, и у меня есть разум, который поможет мне перехитрить ифрита».

— О ифрит,— сказал он,— если уж ты непременно хочешь меня убить, ответь мне сначала на один вопрос.

— Спрашивай скорей, мне некогда,— отвечал ифрит.

— Ты говоришь,— сказал рыбак,— что твой царь велел посадить тебя в этот кувшин. Но кувшин маленький, а ты большой. Как же ты уместился в этом кувшине?

— Так ты не веришь, что я был в кувшине и пролежал на дне моря столько лет?— закричал ифрит.

— Никогда тебе не поверю, пока не увижу тебя в кувшине своими глазами,— отвечал рыбак.

— Клянусь тебе, что я был в этом кувшине!

— Не клянись,— сказал рыбак,— всё равно я тебе не поверю.

— Хочешь, я тебе докажу, что я был в кувшине?—сказал ифрит.

— Хочу,— ответил рыбак.

Ифрит поднял одну ногу и опустил её в кувшин.

— Смотри, рыбак: вот моя нога в кувшине,— сказал он.

— А вторая?— закричал рыбак.

Ифрит поднял другую ногу и сунул её в кувшин.

— Теперь обе ноги вместе в кувшине. Ты поверил?— спросил он рыбака.

— А колени куда ты денешь?— крикнул рыбак.

Я покажу тебе,— ответил ифрит и опустился в кувшин по пояс.— Теперь ты веришь?

—А живот и грудь, в которых двадцать четвертей высоты, куда ты их денешь?— продолжал рыбак.

— О несчастный!— крикнул ифрит.— Ты всё ещё не веришь?

И он опустился в кувшин по шею, а рыбак сказал:

— Я ещё вижу эту голову, большую, как купол. Для неё-то и не хватит места.

— Если я скроюсь в кувшине с головой, ты поверишь? — спросил ифрит.

— Поверю,— сказал рыбак.

И ифрит сунул голову в кувшин, и, как только он это сделал, рыбак быстро схватил печать, плотно закрыл горлышко кувшина и покатил его по песку к морю.

— Что ты хочешь сделать, рыбак?— закричал джинн.

— Я хочу бросить тебя в море, где ты уже пролежал столько лет,— сказал рыбак.

— Не надо!— крикнул ифрит.

Но рыбак продолжал толкать кувшин к морю и говорил:

— Я сброшу тебя на дно моря и сяду на берегу. А когда кто-нибудь придёт сюда с сетями, я скажу: не ловите рыбу в этом месте. Здесь — ифрит. Всякому, кто его вытащит, он предлагает выбрать, какой смертью умереть.

— Выпусти меня, я окажу тебе милость,— сказал ифрит.

— Ты лжёшь, проклятый!— закричал рыбак.— Если я тебя выпущу, ты сделаешь со мной то же, что сделал царь Юнан с врачом Дубаном.

— А кто такие царь Юнан и врач Дубан?— спросил ифрит.

— Слушай, я тебе расскажу,— ответил рыбак.

Был в одном персидском городе царь, которого звали царь Юнан. У него было много денег, войск и телохранителей, но всё тело было у него в пятнах, и ни один врач не мог его вылечить. Царь Юнан целые дни пил лекарства, глотал порошки и мазался мазями, но болезнь всё не проходила, и приближённые царя решили, что он уже не поправится.

И вот однажды пришёл в город царя Юнана старый, седой врач, по имени Дубан. Он прочитал все врачебные книги — арабские, персидские и греческие, и не было такой болезни, которую он не мог бы вылечить. Врач Дубан скоро услышал, что царь Юнан очень болен. Тогда он раскрыл свои книги и читал их целый день и целую ночь, а потом он вынул из своей сумки разные мази и травы и приготовил из них лекарство. Когда лекарство было готово, врач Дубан взял палку и выдолбил её и положил лекарство в эту палку, а к палке он приделал сверху круглую ручку.

И когда наступило утро, врач Дубан пошёл во дворец и сказал царю Юнану:

— О царь, вот уже много лет, как ты лечишься от своей болезни, а она всё не проходит. Хочешь, я тебя вылечу?

— Хочу,— сказал царь.— А когда это будет? Поторопись, врач, мне уже очень надоело лечиться.

— Это будет завтра,— ответил врач Дубан.— Только смотри, слушайся меня и делай всё, что я тебе скажу. Иди и ложись спать. Спи весь день и всю ночь, а утром выезжай на поле, где играют в мяч, и жди меня.

Царь проспал день, проспал ночь, а утром сел на коня и выехал в поле.

Врач Дубан тоже скоро пришёл. Он подал царю палку с круглой ручкой и сказал:

— Возьми эту палку и бей по мячу изо всей силы. Гоняйся за мячом на своём коне, пока не вспотеешь, и всё время сжимай ручку палки как можно сильней. Когда ты вспотеешь, лекарство разойдётся по твоему телу — и ты поправишься.

Царь послушался врача Дубана и стал гоняться по полю за мячом. Когда его конь выбился из сил и царь сам чуть не упал с седла от усталости, врач Дубан сказал:

— Теперь довольно. Слезай с коня, сходи в баню и ложись спать. А когда проснёшься — будешь здоров.

И правда, когда царь проснулся на следующее утро и вышел из своей спальни, тело у него было чистое и блестящее, как серебро,— без единого пятнышка. Все приближённые царя удивились искусству врача Дубана, а царь Юнан призвал его к себе и сказал:

— Теперь ты мой самый лучший друг. Проси чего душа пожелает.

— Мне ничего не надо,— сказал врач.— Позволь мне только видеть тебя и с тобой разговаривать.

— Приходи ко мне каждый день обедать,— сказал царь.

Он дал врачу много денег и подарил ему чистокровного коня и шёлковый халат, весь расшитый золотом. И врач сел на коня и уехал.

С тех пор он каждый день приезжал во дворец к царю Юнану, и царь сажал его рядом с собой на трон. Врач Дубан стал для него дороже всех приближённых, и он советовался с ним обо всех своих делах.

А у царя был визирь — Махмуд Плешивый, злой и завистливый человек. Он позавидовал врачу Дубану и решил его погубить.

И вот как-то раз после обеда, когда врач Дубан только что уехал, этот Махмуд Плешивый пришёл к царю и сказал:

— О царь, ты оказал мне много милостей, и я должен дать тебе совет.

— Говори скорей,— сказал царь.

— О царь,— продолжал визирь,— ты каждый день зовёшь к себе врача Дубана и обедаешь с ним. А этот врач — злодей, и он хочет тебя убить.

— Это ты напрасно говоришь, визирь,— сказал царь.— Разве ты не видел, как врач Дубан меня вылечил? У меня нет друга дороже этого врача. Завтра я дам ему ещё халат и десять кошельков золота.

— Опомнись, о царь!— сказал визирь.— Этот Дубан вылечил тебя палкой, которую ты подержал в руке, а завтра он, может быть, убьёт тебя чем-нибудь, что ты понюхаешь. Вот тебе мой совет: когда врач к тебе придёт, вели палачу отрубить ему голову. Тогда ты избавишься от этого врача и спасёшься от смерти.

— Ты это всё говоришь из зависти,— сказал царь.— Врач Дубан — мой лучший друг, и если я его убью, то буду раскаиваться, как раскаивался царь, когда убил сокола.

— А как это было?— спросил визирь.

— Слушай, я тебе расскажу,— сказал царь Юнан.— Один царь очень любил охотиться. Он приручил сокола, чтобы пускать его вдогонку за дичью, и этот сокол всегда сидел у него на руке. А на шее у царя висела чашка, и он поил из неё своего сокола, когда соколу хотелось пить.

И вот однажды рано утром пришёл к царю главный сокольничий и говорит:

«О царь, пора ехать на охоту».

Царь велел своим приближённым выезжать и сам сел на коня и поехал впереди всех. Охотники ехали до самого полдня и наконец приехали в одно место, где водилось много газелей. Царь велел своим людям встать в круг и растянуть сеть, и вдруг в сеть попалась газель.

«Всякого, кто упустит эту газель, я убью своими руками!»— закричал царь.

И вдруг газель подошла к царю и встала перед ним на задние ноги, а передние сложила на груди и низко поклонилась царю. Царь так удивился, что нагнул голову и тоже поклонился газели, и вдруг газель перескочила через голову царя и убежала.

«Лови её, лови!»— закричал царь и поднял голову и увидел, что все охотники переглядываются и смеются.

«Чего вы смеётесь?»— спросил царь.

И один из охотников выступил вперёд и сказал:

«О царь, ты говорил, что убьёшь всякого, кто упустит газель, но ты сам упустил её».

«Пусть я не буду царём,— закричал царь,— если я не поймаю эту газель! Ждите меня здесь и не двигайтесь».

Он вскочил на коня и погнался за газелью и скакал до тех пор, пока не настиг её. Он спустил с руки своего сокола, и сокол ударил газель крыльями по голове и ослепил её. Тогда царь сошёл с коня и зарезал эту газель.

А день был жаркий, и царю очень хотелось пить, и коню его тоже. Он осмотрелся и увидел, что находится на высокой горе, где нет ни одного ручейка. Прямо перед ним росло дерево, а с дерева капала вода, похожая на масло.

Царь снял с шеи чашку и сошёл с коня и, набрав в чашку этой воды, поставил её перед конём. И вдруг сокол ударил по чашке крылом и расплескал воду.

Царь подумал, что птица тоже хочет пить, и ещё раз набрал полную чашку воды. Он поставил её перед соколом, но сокол опять опрокинул чашку ударом крыла.

«Скверная птица!— закричал царь.— Ты лишила воды и себя и моего коня».

Снова наполнил он водой чашку и хотел выпить сам, но сокол вдруг закричал, захлопал крыльями и выбил чашку из рук царя. Царь очень рассердился, взмахнул мечом и отрубил соколу крылья. А сокол стал махать головой и показывать клювом на дерево. Царь поднял голову и увидел, что на верхушке дерева сидит змея и с дерева капает не вода, а змеиный яд. И вдруг сокол громко закричал, раскрыл клюв и умер. И царь пожалел, что убил сокола, который спас ему жизнь, и горько заплакал, но помочь горю было уже нельзя...

Так и я буду раскаиваться, если послушаюсь тебя и убью врача Дубана, который вылечил меня от болезни. Уходи же с моих глаз, о визирь, и не давай мне больше таких советов.

— О царь,— сказал визирь,— врач не сделал мне ничего дурного, и я советую тебе его убить только из жалости к тебе.Если ты доверишься этому врачу, он убьёт тебя и сядет вместо тебя на трон. Ведь он вылечил тебя чем-то, что ты взял в руки, и, может быть, он тебя убьёт чем-нибудь, что ты понюхаешь.

Царь испугался — а вдруг это и правда так будет?— и сказал:

— Ты прав, о визирь! Если врач вылечил меня палкой, которую я взял в руки, то он может меня убить чем-нибудь, что я понюхаю. Но как же мне с ним поступить?

— Пошли за ним сейчас же,— сказал визирь,— и когда он придёт, отруби ему голову. Обмани его раньше, чем он тебя обманет.

Ты правильно говоришь,— сказал царь и послал за врачом.

Врач сейчас же пришёл, радостный и довольный, не зная, какая его ждёт беда.

— Знаешь, зачем я тебя позвал?— спросил его царь Юнан.

— Нет, не знаю. Никто не знает неизвестного,— ответил Дубай.

— Я позвал тебя, чтобы убить,— сказал царь. Врач Дубан горько заплакал и сказал царю Юнану:

— Что же я тебе сделал и за что ты хочешь меня убить?

— Мне говорили,— сказал царь Юнан,— что ты пришёл в моё царство для того, чтобы погубить меня. И вот я убью тебя раньше, чем ты меня убьёшь. Ты вылечил меня палкой, которую я взял в руку, и убьёшь меня чем-нибудь, что я понюхаю, или чем-нибудь другим.

— Пощади меня, не убивай!— сказал врач Дубан. Но царь воскликнул:

— Тебя непременно нужно убить!

— О царь,— сказал один из приближённых,— подари мне жизнь этого врача и не убивай его. Он не сделал тебе ничего дурного и вылечил тебя от болезни, когда никто не мог тебя вылечить.

— Этот врач пришёл, чтобы меня погубить. Так сказал мой визирь Махмуд Плешивый,— закричал царь.— Эй, палач, отруби ему голову!

— Если уж ты решил меня убить,— сказал врач Дубан царю Юнану,— дай мне отсрочку до утра. Отпусти меня домой, и я подарю тебе все свои книги. А среди них есть такая книга, какой нет ни у одного царя.

— Хорошо,— сказал царь.— Ступай домой, а завтра утром принеси мне книгу.

Царь Юнан целую ночь ворочался с боку на бок и не мог заснуть, до того ему не терпелось увидеть книгу, которую обещал ему подарить врач. Едва рассвело, царь вскочил с постели и закричал:

— Привести сюда врача Дубана!

И врача привели под охраной двух стражников. В руках у него были книга и горшочек с порошком.

— Давай сюда твою книгу!— закричал царь.

— Подожди, о царь,— сказал врач,— потерпи ещё немного. Вели принести большое блюдо.

— Эй, блюдо поскорей!— крикнул царь, и двое слуг бегом бросились из комнаты и принесли блюдо.

Тогда врач Дубан высыпал на блюдо порошок из горшочка, разровнял его и сказал:

О царь, возьми эту книгу, но не раскрывай её, пока мне не отрежут голову. А когда меня казнят, поставь мою голову на блюдо и прикажи её натереть этим порошком. Потом раскрой книгу и спрашивай что хочешь. Моя голова ответит на все вопросы.

Царь очень удивился и весь затрясся от любопытства. Он махнул рукой, и палач отрубил голову врачу Дубану. И когда голову поставили на блюдо, она вдруг открыла глаза и сказала:

— О царь, раскрой книгу и переверни от начала десять листков.

Царь раскрыл книгу и хотел перевернуть листок, но листки слиплись и пристали друг к другу. Царь послюнил палец и перевернул один листок, и другой, и третий, и когда царь Юнан дошёл до десятого листка, он вдруг зашатался и побледнел.

— В этой книге — яд!— закричал царь.— Меня отравили!

А голова врача Дубана пошевелила губами и сказала:

— Я тебя вылечил, а ты меня убил. Я просил пощады, а ты не пощадил. Вот наказание за твою жестокость.

И как только голова Дубана произнесла эти слова, царь сейчас же упал мёртвый...

— Так и ты, о ифрит, хотел меня убить, хотя я оказал тебе услугу и вытащил тебя со дна моря. А теперь я опять сброшу тебя туда.

— О рыбак,— закричал ифрит,— не делай этого! Если я был злодеем, то будь ты благодетелем. Обещаю тебе, что я тебе не сделаю зла и научу тебя, как разбогатеть.

Долго упрашивал ифрит рыбака, и наконец рыбак согласился. Он открыл кувшин, дым пошёл вверх и опять превратился в ифрита, и как только ифрит вышел из кувшина, он сейчас же пихнул кувшин ногой и сбросил в море. Тут рыбак до того испугался, что весь задрожал, но ифрит рассмеялся и сказал:

— Иди за мной.

И рыбак пошёл сзади ифрита, не веря, что спасся, и шёл до тех пор, пока они не вышли за город. Они поднялись на гору и спустились в широкую долину, и вдруг рыбак увидел перед собой пруд, которого никогда не видел раньше.

— Посмотри на этот пруд,— сказал ифрит, и рыбак посмотрел и увидел, что в пруду много рыб разного цвета — белых, красных, голубых и жёлтых.

— Что это за пруд и почему рыбы в нём разноцветные? — спросил рыбак.

— О рыбак, закинь твою сеть,— сказал ифрит.

И рыбак закинул сеть в пруд и вытащил её и вдруг видит — в сети четыре рыбы: белая, красная, голубая и жёлтая. О рыбак,— сказал ифрит,— снеси эту рыбу во дворец к царю, и царь даст тебе за неё столько денег, что тебе хватит на всю жизнь. Приходи сюда каждый день и лови рыбу, но закидывай сеть не больше чем три раза. А теперь — прощай и извини меня, если я тебя чем-нибудь обидел.

Ифрит ударил ногой о землю, и земля под ним расступилась и поглотила его. А рыбак вернулся домой, положил рыбу в лоханку и понёс её к царю, как велел ему ифрит.

Он пришёл во дворец и показал рыбу. Царь очень удивился: он никогда раньше не видел таких рыб.

— О визирь,— сказал он,— отдай этих рыб новой стряпухе, которую мне недавно подарил царь румов. Пусть она их изжарит, и мы увидим, хорошо ли она стряпает.

— Слушаю и повинуюсь,— сказал визирь и повёл рыбака на кухню. Он отдал рыбу стряпухе, и стряпуха, увидев этих рыб, тоже очень удивилась.

— О девушка,— сказал визирь,— царь хочет испытать твоё искусство. Изжарь же этих рыб как следует.

И потом визирь вернулся к царю, а царь велел ему заплатить рыбаку четыреста золотых динаров — по сто динаров за каждую рыбу. И рыбак положил деньги за пазуху и вернулся домой радостный и счастливый.

А стряпуха вычистила рыбу, поставила сковороду на огонь и положила рыбу жариться. Когда рыба поджарилась с одной стороны, стряпуха хотела её перевернуть, но едва она дотронулась до рыбы, как стена кухни вдруг раздвинулась, и из неё вышла молодая женщина с зелёной веткой в руке. Она дотронулась веткой до рыбы, и рыба превратилась в уголь, а потом эта женщина ушла, и стена снова сдвинулась.

Стряпуха до того испугалась, что упала на пол без памяти. А очнувшись, она увидела, что вся рыба сгорела.

— Что теперь будет! — закричала стряпуха.— Царь хотел меня испытать, а я сожгла рыбу.— И она опять упала на пол без чувств.

А тут как раз вошёл в кухню визирь.

Он увидел, что стряпуха лежит на полу, и толкнул её ногой, и тогда она пришла в себя и рассказала ему всё, как было.

— Это удивительное дело,— сказал визирь.

Он сейчас же послал за рыбаком и, когда рыбака привели, закричал:

— О рыбак, принеси мне ещё четыре такие же рыбы — белую, красную, голубую и жёлтую.

Рыбак пошёл к пруду, закинул сеть и вытянул её и вдруг видит: в сеть опять попались четыре рыбы — белая, красная, голубая и жёлтая. Он принёс этих рыб визирю и получил за них четыреста динаров, а визирь пошёл на кухню и сказал стряпухе:

— Возьми этих рыб и изжарь их при мне, чтобы я увидел, что будет.

И девушка приготовила рыбу и бросила её на сковородку. И когда рыба поджарилась с одной стороны, стена кухни раздвинулась, и из неё вышла та же самая женщина с веткой в руке. Она дотронулась веткой до рыб, и все рыбы сгорели, а женщина перевернула сковородку и ушла, а стена снова сдвинулась.

— Такое дело нельзя скрывать от царя!— закричал визирь.— Царь должен видеть это своими глазами.

И визирь бегом побежал к царю, путаясь в полах халата, и рассказал ему обо всём, что он видел.

— Ко мне рыбака, сию же минуту!— закричал царь, и когда рыбака привели, царь велел ему принести ещё четыре разноцветные рыбы и приставил к нему трёх стражников, чтобы рыбак не убежал.

Рыбак в третий раз пошёл к пруду и принес ещё четыре такие же рыбы. Тогда царь сказал своему визирю:

— Я сам изжарю их и посмотрю, что будет.

Он засучил рукава, повязал себе вокруг пояса полотенце, взял в руки нож и вычистил рыбу. Потом он нагрел масло на сковороде и положил рыбу в масло, и вдруг масло поднялось и вспенилось, и от него пошёл густой дым. Царь так испугался, что выронил нож и присел на землю, и вдруг стена раздвинулась, и из неё опять вышла женщина. В правой руке у неё был меч, а в левой — две змеи. Змеи были покрыты такими иглами, как у ежа; изо рта у них шёл синий дым.

Женщина закричала в лицо царю, и царь упал на спину от страха, а женщина сказала ему:

— Посмотри на меня хорошенько и запомни моё лицо. Если ты ещё раз будешь ловить мою рыбу, я превращу твой город в море и всех твоих воинов в рыб.

Потом она опять закричала на царя, и царь лишился чувств, а когда он очнулся, то он не увидел ни рыбы, ни сковороды, ни женщины, и стена кухни сдвинулась, как раньше.

Царь выбежал из кухни и закричал своему визирю:

— Приведи сюда рыбака, да поскорее!

Стражники побежали за рыбаком и привели его, а рыбак дрожал от страха и не рад был, что принёс царю разноцветных рыб.

— Эй, рыбак, откуда эти рыбы?— спросил его царь.

— Из пруда в долине между четырёх гор,— отвечал рыбак.

— А сколько дней пути до этого пруда?

— Пути полчаса, о владыка, наш царь.

И царь удивился: он не знал, что так близко от его города есть пруд с разноцветными рыбами. Он велел своим приближённым садиться на коней и сам сел на коня, и они поехали. А рыбак шёл впереди и показывал дорогу, ожидая для себя какой-нибудь беды.

Они поднялись на гору и спустились в широкую долину. Посредине долины был большой пруд, а в пруду плавали разноцветные рыбы: белые, красные, голубые и жёлтые.

— Знал ли кто-нибудь из вас раньше про этот пруд?— спросил царь своих приближённых.

И все, кто был с царём, ответили:

— Нет.

— Я не войду в мой город и не сяду на трон, пока не узнаю правду про этот пруд и про разноцветных рыб!— воскликнул царь.

Он подозвал своего визиря и сказал ему:

— О визирь, я задумал одно дело. Я уйду сегодня ночью один и узнаю, что это за пруд и почему рыбы в нём разноцветные. А ты садись у входа в мою палатку и говори всякому, кто будет меня спрашивать: «Царь нездоров и приказал мне никого не впускать к нему».

Потом царь переменил одежду, опоясался мечом и пошёл. Он шёл всю ночь и весь день и вторую ночь до утра, и вдруг он увидел вдали что-то чёрное.

Царь обрадовался и воскликнул:

— Может быть, я встречу кого-нибудь, кто расскажет мне об этом пруде и о рыбах!

Он подошёл ближе и увидел дворец, выстроенный из чёрного камня и блестящего железа. Царь тихонько постучался в ворота, но никто не открыл ему. Он постучался второй раз и третий, но не услышал ответа, и тогда царь что было силы ударил рукой в ворота, но никто не ответил ему.

«Во дворце, верно, никого нет»,— подумал царь. Он толкнул ворота, и вдруг они открылись. Царь прошёл через двор и вошёл во дворец, но не увидел ни одного человека.

— О жители дворца,— крикнул тогда царь,— я чужестранец и путешественник! Нет ли у вас чего-нибудь поесть?

Никто не откликнулся на слова царя, и царь удивился и опечалился. Он сел на скамью около двери и вдруг услышал чьи-то стоны и рыдания. Царь прислушался и пошёл в ту сторону, откуда доносились стоны. Скоро он пришёл в большую комнату; посредине этой комнаты стоял высокий трон, а на троне сидел красивый юноша в шёлковом халате и горько плакал. Царь обрадовался и сказал:

— Мир тебе, о юноша! Как хорошо, что я тебя увидел! Скажи мне, почему ты плачешь и что это за дворец? Отчего ты сидишь один и у тебя нет приближённых?

Юноша ничего не отвечал царю и продолжал плакать и стонать.

Царь рассердился и сказал:

— О юноша, почему ты не встаёшь передо мной и не отвечаешь на моё приветствие? Разве ты не знаешь, что я царь этой страны?

Тут юноша заплакал ещё сильнее и сказал:

— О владыка, наш царь, если бы ты знал, что со мной случилось, ты бы не гневался на меня.

Он приподнял полу своего халата, и царь увидел, что снизу до пояса он каменный, а от пояса до волос на голове он человек. Царь громко вскрикнул от ужаса и сказал:

— Я хотел узнать правду об этом дворце и о рыбах, а теперь приходится спрашивать и о них и о тебе. Расскажи мне скорей, кто совершил такое злодеяние?

— Слушай меня внимательно,— сказал юноша.— Со мной случилась удивительная история.

Знай, что мой отец был царём этой страны и звали его Махмуд, царь Чёрных островов. Он процарствовал семьдесят лет и умер, и я стал царём после него. А у меня была жена, и я очень её любил. И вот однажды вечером она велела затопить баню и пошла мыться, а я лежал на подушках и ждал её. Вдруг я услышал из соседней комнаты голоса двух её невольниц, которые разговаривали между собой.

«Бедный наш господин!— сказала одна из них.— Он думает, что наша госпожа его любит. А она каждый вечер подсыпает ему в вино сонный порошок и, когда он заснёт, уходит. Утром она даёт ему что-то понюхать, и он просыпается. Скоро она совсем убьёт его и станет вместо него царицей. Смотри только никому не говори то, что я тебе сказала. Вот идёт наша госпожа».

И правда, моя жена вошла в комнату и велела невольницам подавать ужин. Я так испугался, когда услышал слова невольницы, что ничего не сказал жене. После ужина она велела подать питьё, которое я пил на ночь, и налила его в мой кубок, но я только притворился, что пью, а сам вылил питьё за пазуху и сейчас же захрапел, как храпит спящий. И моя жена надела своё лучшее платье, повязала вокруг пояса меч и сказала:

«Спи всю ночь и не просыпайся. Недолго тебе осталось жить. Скоро я убью тебя и сама стану царицей».

Потом она вышла из комнаты, и я поднялся и пошёл за ней следом. Она дошла до городских ворот и произнесла какие-то слова, которых я не понял, и вдруг замки упали с ворот, и ворота раскрылись. Моя жена вышла за ворота (а я всё шёл за ней) и подошла к какой-то хижине, построенной из глины. Она вошла в эту хижину, а я забрался на крышу и посмотрел сверху вниз, и вдруг я увидел, что посреди хижины лежит негр, у которого одна губа как одеяло, а другая — как башмак, и он подбирает ею песок с земли. Я посмотрел на него хорошенько и узнал его. Это был страшный колдун, по имени Абуль-Асвад. Он затаил злобу на моего отца за то, что тот выгнал его из города, и поклялся, что погубит меня. Этот колдун был болен проказой и не выходил из своей хижины.

Когда моя жена подошла к нему, он закричал на неё:

«О негодная, почему ты опоздала? Я уже давно жду тебя, чтобы сговориться, когда мы убьём твоего мужа и завладеем его царством, а ты всё не идёшь!»

«О господин мой,— сказала моя жена,— я, право, не виновата. Будь на то моя воля, не взошло бы ещё солнце, как его город лежал бы в развалинах. Но ты ведь знаешь, что время ещё не настало».

«О проклятая! — закричал колдун.— Если ты завтра же не убьёшь своего мужа, я перестану учить тебя колдовству. Ты играешь со мной всякие шутки и обманываешь меня».

Когда я услышал эти слова, о царь, у меня потемнело в глазах от гнева и я перестал сознавать, что делаю. Я спустился с крыши, вошёл в хижину, схватил меч, который моя жена принесла с собой, и ударил негра по шее. Негр страшно захрипел, и я решил, что убил его. Я бросил меч, вернулся во дворец и лёг в постель, а утром пришла моя жена и ничего не сказала мне. И я тоже ничего не сказал ей, так как боялся её.

А через несколько дней она обрезала волосы и надела одежды печали.

«Что с тобой случилось?»— спросил я её.

«О господин мой,— отвечала мне жена,— я узнала, что моя матушка скончалась, что отец мой убит на войне, а из двух моих братьев одного ужалила змея, а другой свалился в пропасть. Позволь мне построить в нашем дворце гробницу и перенести в неё их тела. Я буду плакать над ними и печалиться о них».

«Делай, как тебе вздумается»,— сказал я.

И моя жена построила посредине дворца гробницу с куполом и сидела там днём и ночью.

А я боялся её и не говорил ей ни слова про колдуна, про то, что я слышал в ту ночь.

Но однажды я не вытерпел и вошёл в гробницу, где сидела моя жена, и услышал, как она плачет и говорит:

«О господин мой, скажи мне хоть словечко! Скоро ли ты поправишься и мы с тобой убьём моего мужа и будем царствовать в его городе?»

Тут я подбежал к гробнице и заглянул в неё и увидел негра, который лежал весь обвязанный и тихо стонал. Я замахнулся на него мечом и хотел его прикончить, но моя жена схватила меня за руку и крикнула:

«Ты уже один раз чуть не убил моего друга и разрубил ему горло так, что он теперь лежит, как мёртвый, и не может говорить, но тебе мало этого. Я хотела тебя пощадить, но теперь нет тебе пощады. Ты будешь ни живой ни мёртвый, пока не кончится срок твоей жизни».

«Да, негодная, это я ударил колдуна мечом, и сейчас я убью его и тебя с ним вместе!»— закричал я и замахнулся на мою жену мечом. И вдруг она произнесла какие-то слова, которых я не понял, и сказала:

«Стань по моему колдовству наполовину камнем и наполовину человеком».

И я тотчас же стал таким, как ты видишь, о царь, и не могу подняться с места, и я ни мёртвый, ни живой. И когда я сделался таким, она заколдовала мой город и все его рынки и сады и превратила город в пруд, острова — в горы. А жителей города она превратила в разноцветных рыб.

И, кроме того, она каждый день меня бьёт, сто раз ударяет меня бичом, а после этого она надевает на меня одежду из конского волоса и поверх неё шёлковый халат.

— О юноша,— сказал царь,— ты объяснил мне тайну этого пруда и разноцветных рыб и рассеял мою заботу. Но мне жалко тебя, и я хочу тебе помочь. Где лежит негр и где эта женщина?

— Негр лежит больной в своей гробнице, и женщина скоро придёт к нему,— ответил юноша.

Царь тотчас пошёл к гробнице, в которой лежал негр. Он подкрался к нему, взмахнул мечом и убил его, а потом взвалил его тело на плечи и бросил в колодец. Затем царь вернулся к гробнице и лёг туда вместо негра. Он закрылся его покрывалами и стал ждать, когда придёт женщина — жена юноши. Скоро она пришла, и в руках у неё была чашка с лекарством. Она наклонилась над постелью негра и сказала:

— О господин мой, протяни мне руку и скажи хоть словечко, чтобы я знала, что ты поправляешься.

Тут царь зашевелился и сказал слабым голосом на языке негров:

— Ах, ах, мне, кажется, стало лучше.

Услышав его слова, женщина вскрикнула от радости и сказала:

— О господин мой, это правда? Поговори со мной!

И царь сказал заплетающимся языком:

— О проклятая, разве ты заслуживаешь, чтобы с тобой говорили? Ты каждый день бьёшь своего мужа, и он кричит и не даёт мне спать. Если бы не это, я бы давно поправился.

— Если ты хочешь, я расколдую его,— сказала женщина.

— Освободи его и дай мне отдых,— ответил ей царь.

И женщина пришла к юноше, взяла в руки чашку с водой и проговорила над ней что-то, и вода в чашке забулькала и стала кипеть, как кипит вода в котле на огне.

Потом женщина обрызгала юношу этой водой и сказала:

— Если ты стал таким по моему колдовству, превратись опять в человека.

И вдруг юноша встряхнулся и встал на ноги и опять стал человеком, как прежде, а женщина вернулась к гробнице и сказала:

— О господин, я исполнила то, что ты мне приказал.

— О несчастная,— сказал царь,— ты сделала только половину дела. Каждый раз, когда наступает полночь, рыбы поднимают головы из пруда и проклинают нас с тобой. Вот почему я не могу поправиться. Иди скорей, сними с них колдовство, а потом приходи ко мне.

— Слушаю и повинуюсь, о господин мой,— сказала женщина. Она взяла из пруда немного воды и поколдовала над нею, а потом опять вылила её в пруд, и сейчас же рыбы запрыгали и подняли головы и превратились в людей, а горы превратились в острова, как прежде. И торговцы опять начали торговать, и все люди принялись за свои дела, и город стал таким же, как был раньше.

А колдунья вернулась к царю и сказала:

— О господин, я исполнила твою волю. Встань же теперь, если ты здоров, и выйди из этой могилы.

— Подойди ко мне ближе и дай мне руку,— сказал царь слабым голосом.

И как только женщина подала ему руку, он ударил её мечом и убил. А потом он вышел из могилы и увидел заколдованного юношу, который стоял и ждал его.

— О юноша,— сказал царь,— ты останешься жить в своём городе или пойдёшь со мной, в мой город?

— А знаешь ли ты, сколько дней пути отсюда до твоего города?— спросил юноша.

— Два с половиной дня,— ответил царь.

— О царь,— воскликнул юноша,— если ты сядешь на хорошего коня и поскачешь как можно быстрей, то доедешь до твоего города через год! Ты пришёл сюда в два с половиной дня только потому, что город был заколдован. Но я не покину тебя и поеду с тобой.

111

— Ты будешь моим сыном и наследником моего царства,— сказал царь.— Собирайся же скорее в путь.

И они поехали, и ехали целый год, днём и ночью. И когда они вернулись в город царя, царь сел на свой трон и сказал:

— Позвать ко мне рыбака, который принёс разноцветных рыб.

Послали за рыбаком, и скоро он пришёл, и царь рассказал ему обо всём, что с ним случилось. Рыбак очень опечалился, услышав его рассказ, и сказал:

— Значит, мне уже не придётся носить тебе рыбу?

— Нет, не придётся,— сказал царь.— Но не горюй. Я дам тебе столько золота, что тебе хватит до конца жизни.

И он приказал своему визирю щедро наградить рыбака, и рыбак ушёл домой счастливый и довольный.

СКАЗКА ОБ АБДАЛЛАХЕ ЗЕМНОМ И ОБ АБДАЛЛАХЕ МОРСКОМ

Давным-давно жил на свете бедный рыбак по имени Абдаллах. Он едва мог прокормить свою жену и девять маленьких ребятишек. В тот день, когда у него родился десятый ребёнок, рыбак как всегда пошёл к морю и закинул в воду сеть. Вытащил он её на берег и не нашёл там ничего, кроме каких-то осколков да морской травы. Рыбак снова закинул сеть, но ему повезло не больше, чем в первый раз. Трудился он целый день, то закидывал сеть, то вытаскивал её обратно, но так и не поймал ни одной рыбёшки. Печальный отправился он домой с пустыми руками.

— Абдаллах, — окликнул его пекарь. — Сколько ты возьмёшь сегодня буханок хлеба?

Абдаллах даже глаза на него не смог поднять. Увидал тут пекарь пустую сеть и сказал:

— Заходи, возьми себе хлеба, сколько захочешь. Не можешь за него заплатить сегодня, заплатишь завтра.

Он сунул Абдаллаху в руки десять буханок. У рыбака сразу стало веселее на сердце. "Как хорошо, что на свете еще не перевелись добрые люди", — думал он.

На другой день Абдаллах снова отправился к морю, но словно кто-то заколдовал его сеть. Каждый раз вытаскивал он её на берег пустой. На обратном пути рыбак хотел быстро прошмыгнуть мимо лавки пекаря. Стыдно было Абдаллаху, что ему нечем заплатить вчерашний долг. Но пекарь словно поджидал его. Выбежал он из лавки и крикнул:

— Опять тебе не повезло, бедняга! Заходи, возьми себе хлеба, сколько захочешь, чтобы твои дети не умерли с голоду. Когда будут у тебя деньги, вернёшь мне долг.

Пекарь опять дал Абдаллаху десять буханок, пожелал ему спокойной ночи и удачи на следующий день. Абдаллах веселее зашагал к дому. Но заботы о завтрашнем дне не покидали его. Что будет, если он опять ничего не поймает?

И на другой день, и на третий рыбаку не везло. Каждый вечер возвращался он домой с пустой сетью, и каждый раз брал в долг у пекаря хлеб. Сорок дней преследовала его неудача. Абдаллах чуть не лишился разума от горя.

На сорок первый день решил он в последний раз попытать счастья. А если ему и на этот раз не повезёт, придётся заняться другим ремеслом, чтобы как-то прокормить семью. Пришёл Абдаллах к морю, забросил сеть и вытащил её пустую на берег. С раннего утра до обеда трудился он напрасно.

Когда солнце стояло высоко над головой, усталый и отчаявшийся рыбак лёг в тени огромной скалы и начал думать: "Сейчас что ли пойти мне домой или ещё раз попробовать? А может, вообще домой не возвращаться?"

Но вспомнил тут Абдаллах про своих детей, которых он так сильно любил, и начал ругать себя за такие грешные мысли.

И тут увидел он, как из городских ворот вышли рабы. Они расстелили на земле ковёр, и по этому ковру прошёл царь, окруженный визирями и стражей. У воинов в руках были золотые мечи, сверкавшие на солнце. За царём, скромно опустив головы, шли прекрасные невольницы в покрывалах, усеянных жемчугом и драгоценными камнями.

Абдаллах подумал, что царь, наверное, направился к священной купальне. И захотелось ему в тот миг стать визирем, другом и советчиком царя. Тогда бы ему не пришлось заботиться о том, как прокормить детей, а доброму пекарю он бы вернул свой долг сторицею.

Но он был только бедным рыбаком. Насмотревшись вдоволь на пышное шествие, рыбак встал и решил снова попытать счастья: может быть, удастся ему что-нибудь поймать.

Закинул он сеть в море, стал её вытаскивать и почувствовал, что в неёпопалось что-то тяжёлое. Долго возился рыбак с сетью. Боялся он, как бы у него от этой тяжести не вывернулись руки. Но всё же Абдаллах не выпустил её до тех пор, пока наполовину не вытащил из воды. И тут рыбак не на шутку испугался: вместо большой рыбы увидел он в сети человека:

— О рыбак, помоги мне выбраться из сети, — воскликнул человек. — Я хорошо заплачу тебе за это!

— Кто тебя бросил в воду? — спросил Абдаллах.

— Никто меня не бросал в воду, — ответил незнакомец. — Я морской житель. Ты живёшь на земле, а я живу в море. Если ты поможешь мне выбраться из сети, я каждый день буду поджидать тебя на этом месте и приносить тебе изумруды, рубины, жемчуг. А ты мне будешь давать за это виноград, фиги, дыни и персики: у нас под водой ничего этого нет. За корзину фруктов ты получишь от меня корзину драгоценных камней.

Абдаллах не поверил тому, что говорил этот странный человек, но помог ему выбраться из сети.

— Как тебя звать? — спросил рыбак.

— Абдаллах Морской, — ответил незнакомец. — А тебя как звать?

— Тоже Абдаллах, — сказал рыбак.

— Значит, ты Абдаллах Земной, — решил морской житель. — Подожди здесь минутку. Я принесу тебе подарок, чтобы ты поверил моим словам.

Он исчез под водой и вскоре вынырнул снова. Абдаллах Морской протянул изумлённому рыбаку горсть жемчуга и больших драгоценных камней. Он напомнил Абдаллаху, чтобы тот завтра поджидал его на этом месте с корзиной фруктов, и исчез в глубине моря.

Абдаллах растерялся от неожиданности: что ему делать с таким богатством? Спрятал он камни под рубашку, бросил свою сеть и пошёл домой. Остановился рыбак перед лавкой пекаря и отсыпал ему половину своих сокровищ.

— Возьми это себе. Я возвращаю тебе свой долг. Пекарь начал отказываться:

— Я хочу получить только то, что ты мне действительно должен. Но Абдаллах заставил его взять жемчуг и драгоценные камни.

— Ты ждал сорок дней, — сказал он. — И наверняка ждал бы и ещё дольше. Я даю тебе эти камни не только за хлеб, но и за твою доброту. Пекарь взял камни, которые ему дал Абдаллах, и сказал:

— С сегодняшнего дня я твой вечный должник.

Он положил себе на голову несколько буханок хлеба и понёс их домой к Абдаллаху. Потом он сам раздобыл овощи и мясо, приготовил еду и не позволил Абдаллаху ничего делать.

Абдаллах терпел, терпел, но наконец не выдержал:

— Я не хочу, чтобы ты мне служил. Если ты согласен, давай лучше будем друзьями.

Пекарь ничего не возразил, и с того дня они стали верными друзьями.На другой день в полдень Абдаллах отправился на берег моря с корзиной, полной персиков, дынь, апельсинов и других фруктов. Он поставил корзину на песок и крикнул:

— Я здесь, Абдаллах Морской!

Абдаллах Морской тут же вынырнул из волн, взял у Абдаллаха Земного корзину с фруктами и исчез с ней под водой. Вскоре он вернулся и протянул рыбаку его корзину, до краёв наполненную жемчугом, рубинами, изумрудами и другими редкими камнями.

— Прощай до завтра! — сказал морской житель, и волны сомкнулись над его головой.

Абдаллах возвращался домой с корзиной, в которой было такое богатство, что он мог бы купить за него целый город. Рыбак зашёл к своему другу пекарю и снова дал ему горсть драгоценных камней. Пекарь быстро выбрал самые вкусные булки, какие только у него были, и отнёс их в дом Абдаллаха.

На другой день Абдаллах отобрал по одному драгоценному камню из всех, какие у него были, и отправился к ювелиру, чтобы продать их. Как только ювелир увидел такие редкие камни в руках у бедно одетого человека, он тут же подумал, что перед ним вор. Незаметно подал он знак своему слуге, и тот привёл стражников. Стражники схватили Абдаллаха и привели его к царю.

Ювелир хотел выслужиться перед царем. Пошёл он вместе со стражниками и сказал царю:

— О повелитель, дошёл до меня слух, что из твоей сокровищницы пропали драгоценные камни. Я поймал вора, вот он. — И ювелир показал на Абдаллаха.Царь позвал царицу и положил перед ней камни, которые отобрали у Абдаллаха. Но царица только взглянула на них и тут же сказала:

— Это не мои камни. Эти камни гораздо прекраснее тех, что были у меня.

И она стала упрашивать царя, чтобы он купил их для царевны. Царь тут же приказал стражникам отпустить Абдаллаха и выругал ювелира за то, что он заподозрил ни в чём не повинного человека. Потом он начал расспрашивать Абдаллаха, как тот раздобыл эти сокровища. Абдаллах рассказал ему обо всём. Царь выслушал его и молвил:

— С сегодняшнего дня ты будешь править вместе со мной, Абдаллах. Абдаллах Морской будет всё время пополнять царскую сокровищницу, так что подобной ей не будет нигде на свете. Иди и приведи сюда свою жену и детей.

У Абдаллаха от счастья закружилась голова, ведь о такой милости он даже мечтать не осмеливался. Пошёл он домой за своей семьей. Царь тем временем приказал сшить для всех роскошную одежду. С того дня Абдаллах правил вместе с царём.

Каждый день в полдень ходил он на берег моря с корзиной фруктов и каждый раз приносил во дворец жемчуг и драгоценные камни. Царская сокровищница была переполнена, пришлось её расширить. А так как Абдаллах мог повлиять на государственные дела, люди в той стране стали жить гораздо лучше. Абдаллах не забыл о том, что такое голод и нужда, и начал заботиться о бедных. Для тех, у кого не было крыши над головой, он приказал построить дома. По его приказу запасы зерна справедливо делили между бедняками. Много новшеств ввёл Абдаллах. Царским вельможам это пришлось не по вкусу, но они были бессильны в своей злобе: царь считал Абдаллаха своим лучшим другом. Да и не могло быть иначе: ведь благодаря Абдаллаху царская сокровищница наполнилась жемчугом и редчайшими драгоценными камнями, которых свет раньше не видывал.

Абдаллах объездил всю страну и делал, что мог, для блага своих подданных. Однажды, прогуливаясь по городу, он остановился перед лавкой пекаря и удивился, что она заперта. Абдаллах стал расспрашивать соседей, что случилось с его другом. Ему рассказали, что пекарь как-то раз ушёл из города и не вернулся. Абдаллах начал разыскивать его по всей стране. Через неделю пекаря привели к Абдаллаху; нашли его в далёкой деревне, где он открыл пекарню и жил, не зная нужды.

Пекарь упал на колени перед Абдаллахом и воскликнул:

— Я не сделал ничего плохого, о повелитель, смилуйся надо мной, пожалей моих детей!

— Ты что, не узнаёшь своего друга? — спросил Абдаллах. — Встань, идём в мои покои, там мы вспомним старые времена.

Удивленный пекарь поднялся на ноги и отважился взглянуть на Абдаллаха. Только тут он узнал рыбака, с которым они Когда-то были друзьями. Пекарь рассказал Абдаллаху, как он перепугался, увидев своего друга под стражей. Он подумал, что беднягу повели к царю из-за этих драгоценных камней. Пекарь не на шутку испугался, что и его призовут на суд за то, что он помогал Абдаллаху. Со страху он убежал из города. А теперь, когда всё так хорошо кончилось, радости друзей не было конца. Абдаллахсделал пекаря своим визирем, и с тех пор верные друзья не разлучались.Абдаллах Земной не забывал об Абдаллахе Морском. Каждый день ходил он к морю с корзиной фруктов, а получал за неё корзину драгоценных камней и жемчуга. Однажды он снова пришёл к морю, позвал своего морского друга, и когда тот вынырнул из волн, протянул ему корзинку с фруктами.Абдаллах Морской взял корзину и сказал:

— Настало время, Абдаллах Земной, пора показать тебе наше подземное царство.

— Но я же погибну в море! — воскликнул Абдаллах. — Человек не может жить в воде как рыба.

— Не бойся, — успокоил его Абдаллах Морской. — Я намажу тебя особой мазью, приготовленной из рыбьего жира, и ты будешь превосходно чувствовать себя под водой.

Он погрузился в воду и вскоре снова вынырнул на берег.

— Раздевайся, Абдаллах, — сказал морской житель. — И он намазал своего друга какой-то странной мазью. Потом он взял его за руку, и они вместе спустились в море.

Друзья плавали под водой, им попадались стаи диковинных рыб: одни светились, словно звёзды, другие переливались всеми цветами радуги. На некоторых было страшно смотреть, — такие это были чудовища. Но все они проплывали мимо и не обращали на друзей внимания. Абдаллаху Земному казалось, что всё это он видит во сне. Вокруг зеленели чудесные растения, они открывали свои огромные цветы и лепестками, словно ртом, ловили маленьких рыбок.

Абдаллах Морской привёл своего друга в город, расположенный на дне моря. Там жили существа, похожие на людей, только от пояса вниз вместо ног у них были хвосты, как у рыб. Абдаллах Земной не смог отказать морскому другу, когда тот пригласил его в свой дом, построенный из ракушек и перламутра. Тот не хотел отпустить его, пока не покажет ему всё в подводном царстве.

Абдаллаху Земному казалось, что он провёл под водой всего несколько часов. "Неплохо было бы посмотреть на все эти чудеса, — решил он. — Ведь ни одному смертному до меня не довелось этого увидеть".

Понравилось Абдаллаху, что здесь под водой не было ни богатых, ни бедных, у всех были красивые дома из ракушек и перламутра. Царь подводного царства ходил среди своих подданных, расспрашивал людей об их нуждах, разрешал их споры, как будто он был простым смертным.

— Все эти порядки я заведу на земле, — решил Абдаллах. Он уже недумал о том, сколько времени провёл под водой, а только старался всё узнать и запомнить, чтобы потом с пользой применить у себя дома.

На дне моря не было ни ночи, ни дня. Лучи солнца туда не проникали. Только сияние светящихся рыбок и растений освещало морской простор.Вскоре Абдаллаху показалось, что он провёл под водой неделю. Подумал он, что родные, наверное, беспокоятся о нём, а его друзья, царь и

117

пекарь, уже разыскивают его по всей стране. Да и сам Абдаллах боялся, как бы за то время, что он провёл под водой, не пробрались к власти недовольные вельможи и не испортили всё то хорошее, что он сделал для своего народа.

— Позволь мне, друг Абдаллах, — сказал он однажды, — вернуться на землю. У меня там много дел, а семья и друзья беспокоятся обо мне.

Сначала Абдаллах Морской упрашивал Абдаллаха Земного остаться, но когда увидел, что никакие уговоры не помогают, проводил он друга на поверхность моря и сказал:

— Прощай, мы уже больше никогда не увидимся. Жаль, что ты не остался с нами. На земле тебя не ждёт ничего хорошего.

И прежде чем Абдаллах Земной успел ответить, его друг навсегда исчез в морской пучине.

Пошел Абдаллах прямо к скале, под которой он оставил свое платье, прежде чем спуститься в подводное царство. Но там он ничего не нашёл. В душе он проклинал вора и не знал, что ему теперь делать: не идти же в город раздетым. А тут как раз шёл мимо рыбак. Взглянул он на Абдаллаха и говорит:

— Что ищешь, приятель, вчерашний день? Идём со мной, поможешь мне ловить рыбу.

— Меня зовут Абдаллах, я друг царя, одолжи мне какую—нибудь одежду, а завтра приходи во дворец за наградой. Рыбак рассмеялся:

— Ты бы скорей сошёл за царского шута. Я не слыхал ни о каком царском друге, да и вообще сомневаюсь, что у него есть друзья. Я охотно верю, что тебя зовут Абдаллах. Абдаллахов здесь хоть пруд пруди, целый полк бы нас набрался. А идти во дворец за наградой я бы не решился. До царской столицы отсюда тысяча верст.

— Тысяча верст! — воскликнул Абдаллах.

Только сейчас он посмотрел по сторонам и увидел, что там, где раньше зеленели большие сады, сияли белизной стены домов и сверкали под синим небом башни царского дворца, теперь растут чахлые деревья да ютятся бедные хижины.Видно у бедняги был такой расстроенный вид, что рыбак перестал смеяться, подошёл к Абдаллаху и предложил ему пообедать вместе с ним. Он думал, что перед ним сумасшедший. Абдаллах поблагодарил его и, опустив голову, отправился в те места, где ещё недавно стоял его дом. Никак у него всё это не укладывалось в голове.

Подошёл Абдаллах к первой хижине. У порога сидел старичок и чинил рыбацкую сеть.

— О старик, не скажешь ли ты мне, как пройти в царскую столицу? — спросил Абдаллах.

— В столицу? Тебе пришлось бы идти туда долго—долго, недели и месяцы, — ответил старик.

— Как же так? Ведь столица была здесь, в этих местах, — удивился Абдаллах.

— Да, ты прав, но это было так давно, что об этом даже дед моего прадеда не помнит. Люди рассказывают, что правил здесь Когда-то Абдаллах, хороший и справедливый человек. Говорят, что он даже водил дружбу с владыкой моря. Но кто знает, что из этого правда, а что выдумка.

Абдаллах чуть не сошёл с ума, когда услышал это. Понял он, что провёл иод водой не неделю, а сто лет. Не сказав старику ни слова, он пошёл к морю.

— Абдаллах Морской, Абдаллах Морской, помоги мне! — кричал он, что было силы.

Волны с шумом разбивались о скалы, но сколько Абдаллах ни звал, ни упрашивал, никто не вышел к нему.

И тогда Абдаллах вошёл в море, он заходил всё глубже, вот вода была уже ему по пояс, по шею, но он закрыл глаза, сделал еще один шаг, и солёная волна захлестнула его. У Абдаллаха закружилась голова, он хотел открыть глаза, но не мог. Веки у него стали вдруг такие тяжёлые, словно налились свинцом. Но какой-то голос всё время твердил: "Открой глаза, открой!" Абдаллах собрал все силы и поднял веки.

И вдруг увидел он вместо зелёной воды небо над головой, белые дома в зелени садов купались в солнечных лучах.

Абдаллах лежал, прикрывшись своей старой рыбацкой сетью. А одежда была на нём та же самая, которую он носил, прежде чем сделался другом царя. Тряхнул Абдаллах головой, ущипнул себя, собрался с мыслями и наконец понял, что всё это ему только приснилось. Как был он рыбаком, так и остался. Вскочил рыбак на ноги и запрыгал от радости, что скоро снова увидит своих детей и принесёт им вместо игрушек красивые ракушки. Но тут вспомнил Абдаллах про свои невзгоды. Ведь он уже сорок дней неможет вернуть пекарю долг, сегодня ему уже стыдно идти мимо его лавки. А чем он накормит своих детей?

— Попробую—ка я ещё раз, — подумал Абдаллах и забросил сеть в море. Только сеть скрылась под водой, а рыбак уже почувствовал, что она стала тяжёлой. Тянул он ее, тянул, уж думал, что не выдержит, но всё же не выпустил сети из рук. Поймал он целую кучу крупных жирных рыб. Взвалил рыбу на спину и весело зашагал к городу. Остановился рыбак около лавки пекаря, дал ему две самые лучшие рыбы, а остальные отнёс на рынок и выгодно продал.

Абдаллах вернул долг пекарю, а так как на рынке он накупил для детей целую охапку овощей и фруктов, то не смог взять у пекаря хлеб. Пекарь положил себе на голову десять самых лучших буханок, и сколько ни уговаривал его Абдаллах, сам отнёс их рыбаку домой. Только это и исполнилось из его сна. И ещё то, что они с пекарем стали друзьями. Вечерами встречались они у его лавки, разговаривали друг с другом, и пекарь очень часто просил рыбака рассказать об Абдаллахе Морском.

— Ах, вот если бы мы могли так советовать царю, как советовали во сне, — не раз вздыхали друзья, — людям бы тогда жилось лучше.

И пекарь с рыбаком снова и снова принимались обсуждать, что изменили бы они в своей стране. Дети внимательно слушали их и думали, что они-то наверное будут теми счастливцами, которые смогут давать советы царю.

СКАЗКА ОБ АБУ-КИРЕ И АБУ-СИРЕ

В одном городе жили рядом два ремесленника: красильщик Абу-Кир и цирюльник Абу-Сир. Оба они не вылезали из нужды. Красильщик был лентяй и плут, он часто обманывал и обкрадывал заказчиков. Если ктонибудь приносил ему в лавку ткань, то уже больше не видел её. Абу-Кирпродавал материю, деньги проедал, а потом лгал заказчику и рассказывал разные небылицы: то он говорил, что ткань украли воры, то уверял, что она испортилась при крашении, словом, в отговорках у него недостатка не было. А цирюльник Абу-Сир был усердным и хорошим мастером, но что толку: был он беден и не мог предложить посетителям освежающей купальни, как это делали другие брадобреи и цирюльники.

И в лавку к красильщику Абу-Киру тоже уже никто не заглядывал; о его проделках знал весь город.

По вечерам сидели они перед своими лавками и жаловались друг другу на злую судьбу.

— Знаешь что, — сказал как-то красильщик цирюльнику, — давай отправимся в чужие страны, а то здесь мы с тобой с голоду умрём. А когда Абу-Сир согласился уехать, Абу-Кирсказал:

— О сосед, весь наш заработок мы будем складывать в один кошелёк и всё делить поровну, как настоящие друзья.

Добряк цирюльник и на это был согласен. На другой день на рассвете вошли они на корабль, который как раз отплывал в далёкие края.

120

На корабле не было цирюльника, так что для Абу-Сира сразу же нашлась работа.

Он брил купцов и матросов, а те давали ему лепёшки, сыр, фиги, финики и деньги. Абу-Кирцелыми днями валялся и всю еду, что получал Абу-Сир за работу, съедал один. Но Абу-Сир не упрекал красильщика и радовался, что друг его сыт; цирюльник мечтал о том, как хорошо они заживут в чужих странах, когда они оба будут зарабатывать.

Через три недели плавание окончилось, и корабль встал на якорь в гавани большого города. Красильщику Абу-Киру не хотелось расставаться с беззаботной жизнью на корабле. Наконец Абу-Сир уговорил своего ленивого друга, и они пошли по улицам незнакомого города. Ходили они целый день, не чувствуя под собой ног от усталости, пока наконец не сняли бедную каморку.

Красильщик Абу-Киртут же свалился на ложе и уснул. И на другой день он спал до полудня, а Абу-Сир тем временем уже бегал по рынку и по пристани в поисках работы. Он не терял времени даром и трудился в поте лица. Вечером Абу-Сир вернулся домой с хлебом и фруктами. Этой еды и для двоих было много, но Абу-Кирвсё съел один. Он даже не приподнялся с ложа. И так пошло день за днём: Абу-Сир с утра уходил работать и вечером возвращался с едой; иногда он приносил немного денег. А Абу-Кирцелыми днями валялся на ложе и ещё упрекал друга за то, что тот приносил мало еды.

Прошло сорок дней с тех пор, как они поселились в чужом городе. И вот на сорок первый день цирюльник тяжело заболел. Он не мог подняться с ложа и думал, что теперь о еде и питье позаботится Абу-Кир. Но АбуКир и не думал вставать. Он выпросил у больного друга денег и послал одного мальчика, что жил в том же доме, за едой.

На четвертый день цирюльнику стало совсем плохо, и он потерял сознание. Абу-Киррешил, что он умер. И только тут, наконец, лентяй—красильщик встал и, не сказав никому ни слова, ушёл из дома. На рынке Абу-Киркупил себе на деньги своего друга прекрасные одежды и начал прогуливаться в новом наряде по городу.

Так подошёл он к лавке одного красильщика. Абу-Кирочень удивился, когда увидел, что все ткани выкрашены только в синий цвет. Он вошёл в лавку, вынул из кармана платок и протянул его красильщику.

— Эй, мастер, возьми этот платок и выкраси его в зелёный цвет, — сказал Абу-Кир.

— Этого я не сумею сделать, — покачал головой красильщик.

— Ну, тогда в красный цвет, — попросил Абу-Кир.

— И с этим мне не справиться, — вздохнул красильщик. — Здесь у нас умеют красить только в синий цвет.

Абу-Киру только это и нужно было узнать. Он вышел из лавки и отправился прямо во дворец султана. Красильщик велел слугам доложить о себе как о чудесном мастере из далёкой заморской страны. Он попросил султана, чтобы тот разрешил ему остаться в его городе и открыть здесь красильную мастерскую. Абу-Киррассказал султану о том, какую чудесную пурпурную краску может он изготовить из морских ракушек и улиток, описывал ему красоту шафранового и багрово—красного цветов и другие чудесные оттенки.

Султан засыпал Абу-Кира деньгами, подарил ему красивый дом, полный прислуги, и приказал мастерам, чтобы они тут же начали строить большую красильню.

Тем временем Абу-Кирзаказал в далёких странах всё, что нужно было для его ремесла. Когда красильня была готова, он принялся за работу. Абу-Кирнанял себе помощников и обучил их своему ремеслу. Тут он совсем перестал работать, целыми днями сидел, развалясь на высоком сиденье, и распоряжался, а рабы приносили ему разные лакомства и чудесные напитки. Заказы сыпались со всех сторон: сначала от султана и его приближённых, потом от знатных людей той страны. Все восхищались искусством Абу-Кира и хвалили его. Остальные красильщики в том городе вскоре лишились работы. Им ничего другого не оставалось, как взяться за самую чёрную работу в мастерской у Абу-Кира.

А что же делал тем временем цирюльник Абу-Сир? Когда бедняга снова пришёл в сознание, он очень удивился, увидев, что комната пуста. Абу-Сир не мог сдвинуться с места. Он стонал и звал на помощь, пока его не услышал привратник этого дома. Он вошёл в комнату, и Абу-Сир попросил его принести какую-нибудь еду, а главное, питье, ведь несчастный цирюльник погибал от жажды.

Он сказал привратнику, что заплатит ему за всё, как только вернётся его друг. Привратник заботился об Абу-Сире неделю, другую, но Абу-Кирне возвращался. Теперь уже Абу-Сир был уверен, что друг обворовал его и покинул в беде. Но привратник утешал его, как мог, и говорил, что не стоит из-за этого отчаиваться.

— Я буду заботиться о тебе до тех пор, пока ты не поправишься, — сказал он цирюльнику.

Абу-Сир поблагодарил привратника и пообещал расплатиться за всё.Но прошло целых два месяца, прежде чем он выздоровел. Как только Абу-Сир почувствовал, что может стоять на ногах, он отправился в город и стал искать работу. Цирюльник пришёл на рынок и увидел там богатый дом. Рядом с ним была большая лавка. Абу-Сир помнил, что раньше этих построек тут не было. Перед лавкой было шумно, как в пчелином улье, люди галдели, толкали друг друга, со всех сторон раздавались восхищённые возгласы.

Цирюльник спросил одного человека, что это за дом. Тот ответил ему, что здесь открыл красильню некий Абу-Кир, друг султана, замечательный мастер, который умеет окрашивать ткани в невиданные расцветки.

Абу-Сир обрадовался, услыхав об этом; он от души желал своему другу успехов и богатства. По доброте своей он простил Абу-Киру, что тот украл у него деньги и бросил его больного в нужде.

Цирюльник вошёл в лавку и увидел Абу-Кира, одетого в роскошный наряд. Красильщик сидел на дорогих подушках, окружённый рабами. Он лакомился сластями, разложенными на драгоценных блюдах, покрикивал на своих работников и распоряжался: "Сделай так, сделай этак!"

Но Абу-Сир не подозревал, что его ждёт. Как только Абу-Кирзаметил цирюльника, он закричал:

— Держи вора!

И показал пальцем на Абу-Сира.

На бедного цирюльника тут же набросились слуги Абу-Кира, избили его и вышвырнули на улицу.

Несчастный Абу-Сир никак не мог понять, почему его друг так жестоко с ним обошёлся. Он потирал свои синяки, в висках у него гудело. Сам не свой бродил Абу-Сир по рынку.

Тут подумал он, что хорошо было бы помыться в бане, там он мог бы промыть свои раны и охладить ушибы. Цирюльник спросил одного из жителей города, как пройти в баню. Но тот ничего не ответил Абу-Сиру, только вытаращил на него глаза и пошёл своей дорогой.

Абу-Сир остановил второго прохожего и повторил свой вопрос.

— Что за баня? — удивился прохожий. — Что это такое?

— Это самое лучшее, что только есть на свете, — ответил Абу-Сир и начал рассказывать, какие бывают бани.

— Ничего подобного у нас здесь нет, — сказал ему прохожий. — Но я дам тебе добрый совет. Иди к султану и расскажи ему обо всём, что я только что от тебя услыхал. Наверное, счастье улыбнётся тебе.

Абу-Сир послушался горожанина, направился во дворец султана и попросил доложить о себе. А когда султан принял его, цирюльник сказал:

— О великий султан, довелось мне узнать, что в твоём городе нет бани! А как может такой прекрасный город обойтись без бани?

И Абу-Сир описал султану все прелести купания. Он сказал ему, что человек, побывавший в бане, молодеет душой и телом, что купание исцеляет больных, радует сердце и оживляет разум.

Султан приветствовал все новшества. Он тут же приказал нарядить

Абу-Сира в роскошное платье, осыпал его деньгами и позволил цирюльнику выстроить в городе бани на любом месте.

Абу-Сир выбрал подходящее место и приказал построить бани, каких ещё свет не видывал. Вокруг здания невольники посадили кипарисы и розы. Среди них были укрыты фонтаны с душистой водой и беседки, где были спрятаны лютнистки. А когда здание было готово и всё вокруг шумело и благоухало, Абу-Сир пригласил в баню султана.

Султан пришёл в восторг от этого новшества и чуть со всем двором не перебрался в бани. Весь город ходил смотреть на них, а тот, кто хоть раз вымылся в бане, приходил туда снова и снова. Так Абу-Сир разбогател, расширил бани, чтобы места хватило для всех жителей города, украшал и достраивал здание, и султан каждый день бывал у него в гостях.

Когда Абу-Кир узнал об этом чуде, он подумал, что не худо было бы испытать на себе все блага, которые дают бани душе и телу. Красильщик направился к дому цирюльника. Но он остановился словно громом поражённый, когда увидал на пороге дома своего друга Абу-Сира в чудесном наряде, окружённого вельможами, которые домогались его благосклонности. Абу-Кир тут же опомнился и воскликнул:

— И ты до сих пор не вспомнил о своем добром старом друге, Абу-Сир? Почему ты не позвал меня к себе? Я так тосковал по тебе, что не выдержал и пришёл без приглашения.

— Но ведь ты приказал избить меня и вышвырнуть за дверь как раз тогда, когда я был в страшной нужде, — сказал удивлённый Абу-Сир.

И тут Абу-Кир начал клясться, что он ни разу в жизни и в мыслях не обидел своего друга. Правда, он как-то раз приказал выбросить за дверь одного воришку.

— Но теперь я вижу, — воскликнул Абу-Кир, — что это была ужасная ошибка. Ведь этот вор, как две капли воды, был похож на тебя, Абу-Сир. Но как я мог подумать, что это ты? Ведь я решил, что ты умер!

Он снова давал лживые клятвы, рассказывал, как тосковал по другу, как оплакивал его. Добряк Абу-Сир поверил каждому слову красильщика. Цирюльник пригласил друга к себе, оказал ему предпочтение перед самыми важными вельможами, угощал Абу-Кира и радовался, что им обоим так повезло: и он, и его друг стали друзьями султана и его советниками. Но коварный Абу-Кир только краем уха слушал сияющего от счастья Абу-Сира. Он уже думал о том, как лишить друга благосклонности султана и навсегда избавиться от него.

— У тебя здесь есть всё, что нужно, — сказал он другу на прощанье. — Но всё же одного в твоих банях не хватает.

— Чего же? — спросил Абу-Сир.

— Я не вижу у тебя купальни с пенящейся водой, — ответил Абу-Кир.

— Ты прав, — согласился Абу-Сир. — Я сейчас же прикажу её сделать. Друзья попрощались и поклялись друг другу в вечной дружбе. Но красильщик Абу-Кирне пошёл к себе домой, он отправился прямо к султану и сказал ему:

— Твоё счастье, о великий султан, что сегодня я зашёл в баню. Тот человек, что построил бани, выдаёт себя за твоего друга, но знай, что он собирается тебя погубить.

Злой и завистливый красильщик оболгал Абу-Сира перед султаном, как только мог. Он рассказал ему, что познакомился с Абу-Сиром на корабле и что тот доверил ему свою тайну.

— Он говорил мне, — лгал Абу-Кир, — что послан заморскими князьями, а те приказали ему убить тебя, чтобы потом захватить твоё государство. О великий султан, верь, что я хотел передать его страже, как только мы сойдём на берег, но ловкий цирюльник тут же затерялся в толпе. И с той поры я не знал ни минуты покоя, опасаясь за твою жизнь. Лишь теперь камень спал с моего сердца, потому что я наконец нашел вероломного АбуСира.

Султан сначала не хотел верить Абу-Киру. Но Абу-Кирсказал:

— О султан, ступай завтра в баню. Ты увидишь, что Абу-Сир позовёт тебя в купальню с пенящейся водой. Но ты не поддавайся на обман. Вода в той купальне ядовитая. Если бы ты вошел туда, от тебя бы и косточек не осталось.На другой день султан отправился в баню. Абу-Сир встретил его со всеми почестями. Султан хотел, как обычно, выкупаться в розовой воде. Но Абу-Сир улыбнулся и сказал:

— О султан, сегодня я хочу тебя удивить. Я приготовил для тебя купальню с пенящейся водой, которая пахнет жасмином. Только она достойна тебя. Искупавшись в этой воде, ты почувствуешь себя на двадцать лет моложе.Как только султан услыхал слова цирюльника, глаза его гневно засверкали. Он тотчас приказал своим стражникам связать Абу-Сира и отвести его в тюрьму. Потом султан позвал к себе капитана, начальника стражи, и сказал ему:

— Завтра на рассвете зашей этого злодея в мешок, положи его в лодку и отправляйся в море. Как только увидишь меня в окне дворца и услышишь, как я крикну: "Утопи его!", тут же бросай мешок в воду.

Но капитан был добрый человек, а Абу-Сир всегда мыл его даром в лучших купальнях, и вскоре они стали друзьями. Вот он и решил отблагодарить Абу-Сира за всё. Когда настала ночь, капитан вывел Абу-Сира из тюрьмы, посадил его в лодку и отвёз на остров, что стоял в море напротив дворца султана. Там Абу-Сир должен был ждать неделю, пока на остров не придёт корабль. Капитан хотел посадить Абу-Сира на этот корабль и отправить в далёкую страну, где ему уже не будет угрожать месть султана.

Абу-Сир не знал, как ему отблагодарить капитана. Цирюльник уселся в пустой хижине на берегу и стал думать, чем он так прогневал султана, что тот чуть не лишил его жизни.

На рассвете капитан зашил в мешок большой камень, погрузил его в лодку и поплыл по морю ко дворцу. Через некоторое время он увидел, что султан выглянул из окна, поднял руку и крикнул:

— Утопи его!

Капитан бросил в воду тяжёлый мешок, и султан начал потирать руки от радости. Он думал, что навсегда избавился от преступника, который хотел лишить его жизни.

Тут капитан заметил, как что-то сверкнуло и упало в воду. Знай он, что это было, так вёл бы себя совсем подругому. Не пошел бы он, после того как причалил к берегу, во дворец к султану с опущенной головой, не ждал бы он с дрожью новых приказов султана, не боялся бы, что тот раскроет его хитрость и найдёт Абу-Сира живого и невредимого.

А султану не по себе стало. Как раз в тот миг, когда он довольно потирал руки, случилось что-то ужасное. Отошёл он от окна и задрожал всем телом. Уронил он в море свой золотой перстень. Перстень тот был не простой, а заколдованный, и так велика была его сила, что без него султан уже не мог быть грозным владыкой. Когда он указывал на кого-нибудь пальцем, на котором был перстень, с плеч несчастного тотчас же падала голова. И войска, и стража, и все люди в государстве повиновались султану только благодаря этому перстню. Все боялись его и беспрекословно подчинялись ему.

Султан не сказал никому ни слова и дрожал от страха. Он боялся, как бы кто-нибудь не догадался, что у него уже нет кольца: султан знал, что тогда подданные наверняка убьют его и выберут нового правителя.

А тем временем Абу-Сир сидел на берегу. Он закинул в море сеть, которую ему оставил капитан, и ловил рыбу. Уже с первого раза ему повезло: он вытащил полную сеть. Абу-Сир выбрал самую большую рыбину и начал потрошить её. Вдруг нож наткнулся на что-то твёрдое в жабрах рыбы. Цирюльник увидал, что это был золотой перстень. Изумлённый Абу-Сир внимательно рассмотрел кольцо, потом надел его на мизинец и снова принялся за рыбу. Но он всё думал о том, как этот перстень попал рыбе в жабры. "Не лучше ли было бы выбросить его, чтобы он не принёс мне новой беды", — размышлял Абу-Сир.

Тут как раз проходили мимо две старые женщины. Увидев кучу

прекрасной рыбы, они очень удивились. Абу-Сир помахал им рукой и хотел сказать, что они могут взять рыбу, если она им нравится. Но слова застряли у него в горле: у старух ни с того ни с сего головы свалились с плеч. Вокруг не было ни души, только незримый меч мог сделать это. У Абу-Сира от страха зуб на зуб не попадал, ему уже не хотелось жареной рыбы. Спрятался он в свою хижину и даже голову боялся высунуть: а что если незримый меч и его покарает?

Долго сидел цирюльник в своей хижине, забившись в угол, и вдруг услышал, как кто-то зовёт его. Абу-Сир узнал голос капитана. Тот пришёл сказать другу, что вскоре мимо проедет корабль, который заберёт АбуСира. Цирюльник поборол страх и вылез из хижины. Тут увидел он, что капитан стоит над трупами обезглавленных женщин и с изумлением смотрит на них. Абу-Сир уже протягивал руки, чтобы приветствовать капитана. Он радовался, что наконец покинет это заколдованное место. Но тут капитан заметил перстень у него на пальце и закричал:

— О брат мой! Не шевелись, опусти руки вниз, не то ты убьёшь меня! И тут же он спросил удивлённого Абу-Сира, откуда у него перстень. Капитан сразу узнал кольцо султана.

— Я нашёл его в жабрах рыбы, — сказал Абу-Сир.

— Я видел, как он падал в море, — вспомнил добрый капитан, — как раз в тот миг, когда султан высунулся из окна.

Капитан рассказал Абу-Сиру о волшебных свойствах этого перстня и объяснил ему, что тот, сам того не желая, отрубил головы двум женщинам.

— Что ты собираешься делать, Абу-Сир? — спросил капитан своего друга. — Ведь теперь ты самый могучий человек во всей стране.

— Отвези меня к султану, — молвил Абу-Сир. Капитан сказал:

— Что ж, будь потвоему. Я отвезу тебя к султану, хоть тот и узнает, что я не выполнил его приказания.

Теперь капитан уже не боялся султана, без перстня он никому не был страшен.

Цирюльник и капитан подъехали ко дворцу, вылезли из лодки на берег и отправились прямо к султану. Султан сидел бледный, окружённый своими советниками и стражей, и всё время прятал руку, чтобы никто не догадался о пропаже перстня

Он с ужасом ждал, что будет, когда приближённые узнают об этом.Когда султан увидел капитана и Абу-Сира, он не подал виду, что могуществу его пришел конец.

— Да как ты осмелился? — крикнул он грозно на капитана. — Ты не только не утопил этого злодея, а ещё привел его ко мне! За это вы оба жестоко поплатитесь!

Он уже хотел приказать стражникам схватить капитана и цирюльника, но тут Абу-Сир сделал шаг вперёд и осторожно, чтобы другие ничего не заметили, показал султану перстень на своём пальце. Султан чуть не лишился чувств и пошатнулся. Но ковры и куча подушек, что были у него за спиной, удержали его, и он не упал. Опомнившись, он приказал стражникам удалиться. Тут Абу-Сир протянул ему перстень и сказал:

— О султан, вот самое верное доказательство того, что я никогда не желал тебе зла. Разве у кого-нибудь ещё было столько возможностей стать султаном, как у меня? Но знай же, что я твой верный друг, а потому и возвращаю тебе перстень.

Султан тут же надел перстень на палец, и сразу у него словно гора с плеч свалилась. Он обнял Абу-Сира и воскликнул:

— О брат, благодарю тебя от всего сердца, ты спас мне жизнь. Абу-Сир спросил султана, за что тот так прогневался на него. Тут счастливый султан рассказал ему, как красильщик его предостерегал и о купальне с пенящейся водой, в которой, по словам Абу-Кира, султана ждала верная смерть.

— Прости меня, о друг, что я так легко поверил этой лжи, — просил султан со слезами на глазах.

Абу-Сир наконец понял, что его друг Абу-Кирне только лентяй, каких свет не видывал, но к тому же злой и никчемный человек. В душе он упрекал себя, что сразу не догадался об этом: ведь лень и подлость — родные сёстры. Там, где одна делает грязное дело, другая через плечо смотрит, и обе друг дружку выдают.

А тем временем Абу Кир сидел в своём роскошном доме и распоряжался. Одной рукой он подпёр голову, а другую протянул к золотому блюду, полному разных сластей, и всё время ел. О своём несчастном друге Абу-Сире, которого по его вине постигла злая участь, он даже не вспоминал; теперь его завистливая душа успокоилась.

Вдруг с улицы послышался шум, в лавку вошли вооружённые воины, стащили Абу-Кира с подушек, связали его, посадили задом наперёд на осла и на глазах у всех горожан повезли к султану.

У Абу-Кира всё в голове перепуталось, не знал он, за что вдруг султан на него прогневался. Но когда красильщик увидел рядом с султаном живого Абу-Сира, понял он, что часы его сочтены.

Напрасно заступался за красильщика добряк Абу-Сир, султан не послушал его. И та расправа, которая ждала Абу-Сира, постигла Абу-Кира. Султан приказал бросить его в море.

Потом султан сказал цирюльнику:

— О Абу-Сир, попроси у меня, что тебе вздумается. Я исполню любое твое желание.

— У тебя такие хорошие бани, что лучшего и желать нечего, — ответил Абу-Сир.

— Я сделал для тебя всё, что мог. Позволь мне вернуться домой, в родной город. Раз уж я потерял единственного земляка, меня здесь ничто больше не будет радовать.

Султан уговаривал Абу-Сира, чтобы тот остался. Он обещал ему золотые горы, почести, предлагал жениться на его дочери, но Абу-Сир стоял на своём и всё твердил, что хочет вернуться на родину. Не сказал он вслух того, что думал: всё равно ничего хорошего его здесь не ждёт, раз уж султан так легко верит наговорам, а вся мощь его заключена в куске блестящего металла, который и сорока может утащить.

Султан приказал снарядить для Абу-Сира корабль и подарил его цирюльнику со всем, что там было: с матросами, зерном, дорогими тканями и редкими зверями.

Сорок дней плыл Абу-Сир по морю и наконец добрался до своего родного города.

Там он построил огромные роскошные бани, женился и до самой смерти жил счастливо среди цветущих садов, где росли кипарисы, цвели розы и жасмин, били фонтаны с ароматной водой; было там всё, чего только может пожелать человек, и всё вокруг благоухало, шумело и радовало глаз.

СКАЗКА ОБ ОДНОГЛАЗОМ ЦАРЕВИЧЕ

Жил когда-то давно в Багдаде царь. У него был сын, по имени Али. Когда Али исполнилось десять лет, царь позвал самых лучших учителей, и они стали учить мальчика чтению, письму, счёту, науке о звёздах и всему, что следует знать.

Через семь лет они пришли к царю и сказали:

— Твой сын Али изучил все науки, какие есть на свете, и стал мудрее всех людей. Больше мы ничему не* можем его научить»,

Царь щедро наградил учителей и отпустил их. Затем он созвал мудрецов со всех концов земли и велел им испытать знания своего сына. И о чём бы мудрецы ни спросили, мальчик на всё отвечал им, а они не могли ответить ни на один из его вопросов.

Когда испытание кончилось, мудрецы вернулись в свои страны и всем рассказали о великой учёности Али. Услышал о ней и махараджа, царь Индии. Ему захотелось увидеть Али и поговорить с ним. Он послал царю Багдада караван с дорогими подарками и письмо, в котором писал: «До меня дошла весть о великой мудрости твоего сына, царевича Али. Отпусти его ненадолго в мою страну, чтобы я мог его увидеть и поговорить с ним».

Царю Багдада было жалко расставаться с сыном, но он не хотел отказать царю Индии. Он приказал снарядить корабль с дорогими подарками, и его сын с большой свитой и отрядом войск отплыл на этом корабле в Индию из приморского города Басры.

Долго плыл он по морю и наконец пристал к твёрдой земле.

Все подарки погрузили на верблюдов, и караван направился к владениям индийского царя. И вот, когда путники почти достигли границ его земли, они вдруг увидели на дороге большое облако пыли. Не прошло и минуты, как их караван окружила шайка разбойников, закованных в железо и вооружённых мечами и копьями. Разбойники выставили концы своих копий и приготовились напасть на воинов царевича. Напрасно кричал им царевич Али: «Мы гости царя Индии, не трогайте нас!» Разбойники ограбили караван и перебили всех, кто сопровождал его. Только один Али спасся, хотя был ранен. Он упал на землю и лежал неподвижно: разбойники решили, что он мёртв, и ускакали.

Когда они скрылись из виду, Али поднялся на ноги и пошёл куда глаза глядят. Он шёл несколько дней и ночей и наконец пришёл в большой город с высокими стенами и красивыми домами. Еле держась на ногах от усталости, Али добрался до главного городского рынка и присел отдохнуть на каменную скамью возле лавки портного. А этот портной был человек добрый и жалостливый. Он увидел, что Али худ и бледен и одежда на нём вся в пыли, и сказал ему:

— Добро пожаловать, юноша! Зайди ко мне в лавку и подкрепись. Ты, видно, пришёл издалека.

Али поблагодарил портного, и тот накормил его и напоил. Потом Али рассказал ему обо всём, что с ним случилось, и портной, выслушав его историю, сказал:

— Не говори никому, кто ты такой. Царь нашего города много лет враждует с твоим отцом и только о том и думает, как бы навредить ему. Поживи у меня, пока не отдохнёшь, а потом я придумаю, что тебе делать дальше.

Он поселил царевича в комнатке за лавкой, и Али прожил у него три дня. Через три дня портной пришёл к нему и сказал:

— Знаешь ли ты какое-нибудь ремесло?

— Я писец, счётчик и законовед и знаю все науки,— ответил царевич.

— На твоё ремесло нет спроса в наших землях,— сказал портной.— Жители нашего города не знают ничего, кроме торговли. Возьми топор и верёвку, иди в лес и руби дрова. Продавай их и кормись этим, да смотри не говори никому, кто ты такой, а то тебя убьют.

Портной купил для Али топор и верёвку, и Али пошёл в лес рубить дрова. Он работал весь день, а вечером продал дрова на рынке и получил за них полдинара. На другое утро он опять отправился в лес за дровами и снова продал их и стал делать это каждый день.

Однажды он, по обыкновению, пошёл в лес и скоро нашёл место, где было много валежника и пней. Он взял топор и стал окапывать толстый корень. Вдруг под топором что-то звякнуло. Али расчистил это место и увидел большое медное кольцо, приделанное к опускной двери. Быстро поднял Али эту дверь — под ней оказалась длинная лестница.

«Куда ведёт эта лестница?— подумал Али.— Может быть, в этом месте закопан клад?»

Али спустился по лестнице и оказался в большой пещере с высокими колоннами. Посредине стоял стол, уставленный кушаньями, а за столом на золотой скамье сидела красивая девушка и горько плакала. Увидев Али, девушка поднялась на ноги и спросила:

— Кто ты— человек или джинн? Как ты попал в эту пещеру? Я уже двадцать пять лет томлюсь в этом подземелье и никого никогда в нём не видела.

— Я человек,— ответил Али.— А ты кто такая? И почему ты сидишь одна под землёй?

— Я дочь царя Эфитамуса, владыки Чёрных островов,— ответила девушка.— Меня похитил ифрит, по имени Джирджис, и принёс в это подземелье. Он приходит ко мне каждые десять дней, а когда мне что-нибудь нужно, мне стоит только прикоснуться рукой к надписи на этой колонне, и Джирджис приносит всё, что я хочу. Он похитил меня, чтобы отомстить моему отцу, и поклялся, что я никогда не выйду из-под земли и не увижу человеческого лица. Прошло четыре дня с тех пор, как он приходил, и до его прихода осталось шесть дней. Посиди со мной немного — с тобой не будет ничего дурного.

— Хорошо,— сказал Али, и девушка очень обрадовалась.

Она предложила царевичу поесть, и Али, который был голоден, с удовольствием отведал кушаний, стоявших на столе. Потом он лёг отдохнуть и заснул, а когда проснулся, увидел, что девушка сидит около него грустная и печальная.

131

— О Али,— сказала она,— я так долго томлюсь в этом подземелье! Теперь ты со мной, но скоро ты уйдёшь, и я опять останусь одна.

— Не горюй!— воскликнул Али.— Я сейчас сломаю колонну с надписью, и пусть ифрит приходит. Я убью его и выведу тебя из-под земли.

— Не делай этого, тебе не справиться с ифритом!— закричала девушка и схватила Али за руку, но Али вырвал свою руку, подошёл к колонне и что есть силы ударил по ней кулаком.

И вдруг раздался страшный грохот, всё вокруг задрожало, и девушка закричала:

Ифрит идёт! Спасайся, пока не поздно!

Али бросился к лестнице и побежал наверх. От страха он уронил топор и потерял одну туфлю. Дойдя до половины лестницы, он оглянулся и вдруг увидел, что земля в пещере расступилась и из-под земли вышел страшный рогатый ифрит. Он подошёл к девушке и спросил её:

— О проклятая, почему ты меня потревожила таким сильным ударом? Что тебе нужно?

— Мне ничего не нужно,— сказала девушка.— У меня заболела голова, и я поднялась, чтобы приложить к голове мокрый платок. Но вдруг мне стало дурно, я упала и ударилась об эту колонну.

— Ты лжёшь!— закричал ифрит.— К тебе кто-то приходил. Чья это туфля и чей это топор?

— Не знаю,— сказала девушка.— Я только сейчас увидала эти вещи.

— Ты меня не обманешь!— закричал ифрит и начал бить и мучить девушку, а девушка кричала и плакала.

Али было тяжело слышать её крики. Он вышел на поверхность земли, опустил дверь и засыпал её землёй, а потом вернулся домой и увидел, что портной ждёт его и беспокоится.

— Хорошо, что ты наконец пришёл,— сказал портной.— Я боялся, что с тобой случилась беда.

Али поблагодарил портного за его заботливость и ушёл в свою комнату. Он сидел и размышлял о том, что с ним случилось в подземелье, и вдруг вошёл к нему портной и сказал:

— Какой-то старик спрашивает тебя. У него твоя туфля и топор. Он пришёл к дровосекам и сказал им: «Я нашёл эти вещи и не знаю, чьи они. Укажите мне их владельца». Дровосеки узнали твой топор и указали старику на тебя. Выйди же к нему, поблагодари его и возьми у него топор и туфлю.

Услышав слова портного, Али побледнел и задрожал от ужаса. И вдруг земля в его комнате расступилась, и из-под земли вышел страшный ифрит Джирджис. Он схватил Али за кушак, поднял его и улетел с ним сквозь крышу дома, и портной замер на месте от испуга и удивления.

Долго летел ифрит вместе с Али и наконец принёс его в подземную пещеру. И увидел Али, что та девушка лежит на земле связанная. Али заплакал от жалости, а ифрит подошёл к девушке и крикнул:

— О проклятая, признавайся! Этот человек хотел тебя увести из подземелья и вырвать тебя из моих рук?

Но девушка посмотрела на Али и сказала:

— Я никогда не видела его до этой минуты.

И ифрит начал бить и мучить её, а она кричала и плакала. Наконец ифрит устал бить девушку и сказал ей:

— Если ты никогда не видела этого человека, убей его.

Али затрясся как лист и посмотрел на девушку, говоря ей глазами: «Не убивай меня». А девушка ответила ему знаками: «Всё это сделалось из-за тебя»— и взяла меч и подошла к Али. Но царевич так жалобно посмотрел на неё, что она бросила меч и сказала:

— Я не могу убить человека, который не сделал мне никакого зла.

— Ты не можешь его убить, потому что он обещал освободить тебя!— закричал ифрит. Потом он подошёл к Али и сказал:— Ты говоришь, что не знаешь эту девушку и никогда не видал её? Отруби ей голову вот этим мечом, и я отпущу тебя.

— Хорошо,— сказал Али и, взяв в руки меч, быстро подошёл к девушке. Он поднял меч над её головой и хотел её убить, но девушка жалобно посмотрела на него и сказала ему глазами: «Я не сделала тебе ничего плохого, неужели ты убьёшь меня?»

Али бросил меч, заплакал и сказал:

— О сильный, могучий ифрит, я никогда не видел этой девушки. За что же мне её убивать?

— Тогда я убью её сам,— сказал ифрит.— Ну, а тебя я помилую: выбирай, в какое животное мне тебя превратить!

— О ифрит,— воскликнул Али,— чем я виноват перед тобой? Прости меня, как счастливый простил завистливому.

— А как это было?— спросил ифрит.

— Слушай, я расскажу тебе,— сказал Али.— Жили когда-то в одном городе два соседа — Ахмед и Мансур. Мансур был умный и добрый человек, и все дела ему удавались. А Ахмед был злой и завистливый. Он завидовал Мансуру всё больше и больше и от зависти перестал спать и есть. Наконец Мансуру стало жалко Ахмеда, и он сказал сам себе:

«Если я не уеду отсюда, мой сосед заболеет и умрёт, до того он мне завидует. Лучше я переселюсь куда-нибудь в другое мес-то».

И он уехал в другой город и построил себе дом. А около этого дома был колодец. И Мансур зажил в своём новом доме и по-прежнему делал людям добро. Отовсюду к нему приходили больные и бедные, и слава о нём разнеслась по всей стране.

Ахмед, его бывший сосед, тоже услышал, что Мансур по-прежнему доволен и счастлив и что все его любят. Он пришёл в тот город, где жил Мансур, и вошёл в его дом, и Мансур встретил его радушно и приветливо.

«Слушай, Мансур,— сказал ему Ахмед,— я хочу тебя порадовать. Вели всем, кто есть у тебя в доме, уйти — у меня будет с тобой разговор. Или лучше выйдем из дома и пройдёмся по двору».

«Хорошо»,— сказал Мансур.

И они вышли во двор и дошли до колодца.

И вдруг Ахмед толкнул Мансура, бросил его в колодец и ушёл домой.

А в этом колодце жили джинны. Они подхватили Мансура и осторожно опустили его на дно колодца. Один джинн спросил:

«Знаете ли вы, кто это такой?»

«Я знаю,— сказал другой джинн.— Этот человек бежал от завистника и поселился в этом городе. Он выстроил себе дом возле нашего колодца, и все бедняки и нищие приходили к нему за помощью. Весть о нём дошла до царя, и царь хочет завтра посетить его ради своей дочери».

«А что с его дочерью?»— спросил кто-то из джиннов.

«Она бесноватая, и если бы этот человек знал, как ей помочь, он бы, наверно, вылечил её. А лекарство для неё самое простое».

«Какое же это лекарство?»— спросил первый джинн.

И второй джинн ответил:

«У этого человека есть чёрный кот, а у кота на хвосте белое пятнышко. Пусть возьмёт из этого пятнышка семь волосков и сожжёт их и окурит дымом царевну. Тогда злой дух выйдет из неё, и она поправится».

Мансур слышал их разговор и хорошо всё запомнил. Потом джинны подняли его, и он вышел из колодца.

На другой день приехал к Мансуру царь со своей свитой, и, как только царь вошёл в дом, Мансур сказал ему:

«Хочешь, я угадаю, зачем ты ко мне приехал?»

«Угадай»,— сказал царь.

Мансур сказал:

«Ты хочешь попросить меня, чтобы я вылечил твою дочь».

«Верно, о мудрый человек»,— сказал царь и удивился.

«Пошли кого-нибудь за своей дочерью»,— продолжал Мансур.

И царь тотчас же велел привести свою дочь Халиму.

И когда её привели, Мансур зажёг волосы из белого пятнышка на хвосте кота и окурил царевну дымом. А Халима, как только почувствовала запах дыма, громко вскрикнула, и злой дух, который вселился в неё, вышел, и она выздоровела.

Царь обрадовался так, как никогда не радовался в своей жизни. Он обнял Мансура, поцеловал его и спросил своих приближённых:

«Как мне наградить человека, который вылечил мою дочь?»

«Выдай царевну за него замуж»,— сказали приближённые, и царь выдал Халиму замуж за Мансура.

Вскоре у царя умер визирь, и царь спросил своих советников:

«Кого мне сделать визирем?»

«Мансура»,— сказали советники.

И царь назначил Мансура своим визирем и стал ещё милостивей к нему.

А когда царь умер, Мансур сделался царём вместо него. И вот однажды поехал Мансур куда-то на коне, окружённый большой свитой, и видит: идёт по дороге Ахмед, его бывший сосед, который ему завидовал.

«Приведи ко мне этого человека и не пугай его»,— сказал Мансур своему визирю, и визирь привёл к нему Ахмеда, который дрожал от страха, ожидая, что Мансур его накажет.

Но Мансур дал ему сто кошельков золота и красивый шёлковый халат и отпустил его, хотя Ахмед сделал ему так много зла.

Отпусти же и ты меня, о ифрит,— ведь я не сделал тебе ничего дурного.

И Али горько заплакал перед ифритом и стал просить и умолять его, но ифрит воскликнул:

— Я не могу тебя простить и непременно заколдую тебя.

Он поднял царевича с земли и долго летел с ним по воздуху, а потом они опустились на какую-то высокую гору. Ифрит взял немного земли, поколдовал над нею и осыпал этой землёй царевича, и царевич вдруг превратился в старую уродливую обезьяну.

— Будь же таким, пока не умрёшь,— сказал ифрит и улетел, а царевич Али горько заплакал. Он спустился с горы в равнину и шёл по ней до тех пор, пока не дошёл до берега моря. А к берегу как раз в это время подплыл большой корабль. Али вскарабкался на палубу, и один из матросов воскликнул:

— Откуда взялась эта обезьяна? Прогоните её!

— Надо её убить,— сказал капитан, но Али схватил капитана за полу халата и стал его просить глазами: «Не убивай меня! Я буду тебе служить!» Капитан пожалел обезьяну и сказал:— Она попросила у меня защиты, и я защищу её. Пусть никто её не трогает.

Он стал хорошо обращаться с царевичем, и Али исполнял всё, что капитан ему приказывал. Корабль плыл пятьдесят дней и пристал к большому городу. Как только он стал на якорь, царь этого города прислал на корабль своих слуг, и слуги царя сказали капитану:

— Наш царь поздравляет вас с благополучным прибытием и посылает вам этот листок бумаги. Пусть каждый из вас напишет на нём одну строчку. Дело в том, что у царя был визирь и этот визирь умер. Он умел очень красиво писать, и царь дал клятву, что сделает визирем только того, кто пишет так же красиво, как он. Покажите, как вы пишите.

И все, кто умел писать, написали на этом листке одну строчку.

Когда слуги царя сложили листок и хотели уезжать, обезьяна вдруг подбежала к ним, выхватила у них листок и сказала знаками: «Дайте и мне написать строчку. Я тоже умею писать».

Слуги испугались, что обезьяна может разорвать листок, и принялись её бить и кричать на неё, но капитан сказал им:

— Пусть пишет. Я не видел обезьяны умнее, чем эта.

Тогда Али подали перо, и он написал на листке несколько строчек, да всё по-разному: и прямым почерком, и косым, и круглым, и угловатым. Слуги царя взяли листок и отнесли его царю. Царь посмотрел на листок и воскликнул:

— Никто не написал так красиво, как человек, который писал последним! Наденьте на него драгоценную одежду, посадите его на коня и привезите ко мне с музыкой.

Услышав это, приближённые царя громко рассмеялись.

— Что это значит?— сказал царь.— Я отдаю вам приказание, а вы смеётесь!

— О царь,— ответили приближённые,— мы смеёмся не напрасно. Ты велел привести к тебе человека, который писал на листке последним. Но это не человек, а обезьяна, и она принадлежит капитану корабля.

— Это правда?— закричал царь.— Тогда я куплю эту обезьяну у капитана, и моя дочь будет с ней играть. Пойдите скорее, приведите её.

Капитан не хотел отдавать обезьяну, но слуги царя отняли её у него силой, посадили на коня и повезли по улицам города. Весь народ сбежался смотреть на это невиданное зрелище, и огромная толпа шла за конём до самого дворца.

Когда Али в образе обезьяны привели к царю, он три раза поклонился ему до земли и сел перед ним на подушку, как садятся люди. Все приближённые царя очень удивились, а больше всех удивился сам царь. Он приказал принести обезьяне поесть, и перед ней поставили столик, на котором были самые лучшие кушанья. Али попробовал все эти кушанья и поблагодарил царя, поклонившись ему до земли. Потом он вытер себе рот, вымыл руки и, взяв перо, написал на листке бумаги стихи, в которых прославлял царя за его милость. Когда царь прочитал стихи, он ещё больше удивился и сказал:

— Как жаль, что это не человек, а обезьяна! Будь она человеком, я бы сделал его своим визирем.

Потом царь подвинул Али шахматную доску и спросил его:

— А в шахматы ты умеешь играть?

Али закивал головой: «Умею, умею!»— и расставил шахматы

на доске и обыграл царя два раза. Царю стало очень обидно, что его обыграла в шахматы обезьяна, и он сыграл с ней ещё несколько раз, но ни разу не победил её.

Он решил показать эту удивительную обезьяну своей дочери и сказал одному из слуг, маленькому мальчику:

— Беги к царевне, твоей госпоже, и скажи ей, чтобы она шла сюда посмотреть на обезьяну.

Мальчик побежал за царевной и привел её, и когда царевна вошла в комнату, она вдруг закрыла себе лицо рукавом и хотела убежать.

— Куда ты?!— закричал царь.— Посмотри, какая у меня удивительная обезьяна.

— Это не обезьяна, а человек,— сказала царевна.— Как тебе не стыдно звать меня, когда у тебя чужие люди? Эта обезьяна — мужчина, которого заколдовал ифрит.

Услышав слова царевны, Али закивал головой, а царь спросил свою дочь Фатиму:

— Откуда ты знаешь, что эта обезьяна — заколдованный человек?

— Когда я была маленькая,— сказала царевна,— у меня была нянька-колдунья. Она учила меня колдовать, и я выучила сто семьдесят способов колдовства. Если я захочу, я могу превратить твой город в море, а его жителей — в рыб.

— Прошу тебя,— сказал царь,— расколдуй этого человека. Я сделаю его своим визирем.

— Хорошо,— отвечала царевна,— сейчас я расколдую его.

Она взяла большой нож, на котором были написаны какие-то буквы, и очертила им широкий круг посреди комнаты, а в кругу она написала слова, которые никто не мог прочитать. Потом она взяла чашку с водой и сказала над ней что-то и обрызгала царевича этой водой. И вдруг в комнате стало темно, и из-под земли появился тот самый ифрит, который заколдовал царевича. Руки у него были как вилы, ноги — как мачты, а глаза — как две огненные искры. Царь и Али так испугались, что застыли на месте, а царевна закричала ифриту:

— Зачем ты пришёл сюда, когда никто тебя не звал? Уходи, пока я не превратила тебя в кучу пепла.

А ифрит превратился в льва и зарычал:

— Ты обманщица! Разве ты не обещала, что мы с тобой не будем мешать друг другу? Получи же то, что ты заслужила.

И он разинул пасть и бросился на девушку, но царевна быстро вырвала из головы волосок, потрясла им в воздухе, и волосок превратился в острый меч. Она ударила льва этим мечом и разрубила его на две части, и вдруг его голова превратилась в скорпиона; тогда царевна обратилась в змею и бросилась на скорпиона, и между ними начался жестокий бой.

Когда скорпион увидел, что змея его побеждает, он превратился в орла, а змея — в ястреба, и ястреб стал преследовать орла и клевать его. Тогда орёл сделался чёрным котом, а ястреб стал полосатым волком, и они долго боролись во дворце. А когда кот выбился из сил, он превратился в большой красный гранат. Волк подбежал к гранату и хотел его съесть, и вдруг гранат взвился в воздух, упал на каменный пол и разбился, и все его зёрнышки рассыпались по полу. Тут волк встряхнулся и превратился в петуха. Он стал подбирать зёрнышки граната и бегал по всей комнате, чтобы не оставить ни одного зёрнышка. Но одно зерно попало в щель между каменными плитами, и петух не мог его достать. Он начал кричать и хлопать крыльями, делая царю и царевичу Али знаки клювом, но те не понимали его и не могли ему помочь. И вдруг зёрнышко подпрыгнуло вверх и превратилось в рыбу, которая нырнула в бассейн с водой. Тотчас же петух тоже превратился в рыбу и бросился в бассейн, и обе рыбы скрылись под водой. Царь и царевич услышали страшные крики и ещё больше испугались.

И вдруг ифрит вышел из-под воды и дунул на царя и царевича огнём. В эту минуту царевна настигла его и тоже дунула на него огнём.

Одна искра ифрита попала царевичу в лицо и выжгла ему глаз. Царю тоже попала в лицо искра ифрита и сожгла ему половину бороды.

Царевич Али и царь очень испугались и приготовились к смерти. И вдруг они услышали голос царевны:

— Мне удалось победить ифрита, хотя никто до меня не мог убить его.

И оказалось, что царевна сожгла ифрита и он превратился в кучу пепла.

А царевна взяла чашку с водой и сказала над ней что-то, потом она брызнула этой водой на обезьяну, и обезьяна снова превратилась в царевича. Но одного глаза у него не было. И вдруг царевна закричала:

— Огонь! Огонь! Я сейчас умру! Я не привыкла бороться с ифритами.

Если бы я подобрала все зёрнышки граната, ифрит бы умер и не мог бы сделать мне зла. Но я оставила зёрнышко, в котором была жизнь ифрита, и он напал на меня под водой. Я защищалась от него всеми способами, какие знала, но он направил на меня свой огонь, а мало кто устоит перед огнём ифрита. Мне всё-таки удалось сжечь его, и он превратился в кучу пепла, но и мне не спастись от смерти.

И вдруг по всему телу царевны побежали искры, и она тоже превратилась в кучу пепла.

Когда царь увидел, что его дочь сгорела, то выщипал от горя остаток своей бороды и разорвал на себе одежду, и царевич Али сделал то же самое. А потом царь сказал ему:

— О юноша, мы жили весело и счастливо, пока не видели и не знали тебя. Из-за тебя я потерял свою дочь и лишился бороды. Уходи же отсюда, мне тяжело видеть тебя.

Он дал Али денег, чтобы добраться до Багдада, и Али вернулся на родину, к отцу, и до конца жизни никуда не уезжал.

СКАЗКА ОБ УМНОМ ВРАЧЕ

Один из иранских шахов был таким толстым и грузным, что это, как говорят, было во вред его здоровью. Он собрал всех врачей и потребовал, чтобы они его вылечили. Но что те ни делали, шах продолжал толстеть.

И вот однажды пришел к нему один умный врач.

— Я тебя вылечу, о шах,— сказал он.— Но дай мне три дня сроку, чтобы подумать, какое лекарство выбрать.

Когда прошло три дня, врач сказал:

— О шах! Я изучил твою судьбу и установил, что тебе осталось жить всего лишь сорок дней. Если ты мне не веришь, заключи меня в темницу и отомсти мне.

Шах приказал посадить врача в тюрьму, а сам, охваченный тоскливыми думами о близкой смерти, отказался от развлечений и верховой езды. Забота и грусть овладели им. Шах стал избегать людей. С каждым днем увеличивалась его тоска, и он худел.

Когда же прошло сорок дней, он приказал привести из тюрьмы врача и спросил его, почему он, шах, еще жив.

— О шах! — ответил врач.— Я пошел на хитрость, чтобы заставить тебя похудеть. Иного полезного для тебя лекарства я не нашел.

И шах щедро отблагодарил его. его, и старик рассказал все как было. Судья отобрал у Хаббы динары и отдал их Мугаффалю, а Хаббу наказал.

УМНЫЙ МУХАММЕД

Жил-был царь. Хотя он и был женат, детей у него не было. Однажды пришел к нему чужеземец—магрибинец[1] и сказал:

— Если я дам тебе средство, чтобы у твоей жены рождались дети, ты отдашь мне своего первенца?

Царь ответил:

— Хорошо.

Тогда магрибинец дал ему две конфеты—одну зеленую, другую красную — и сказал:

— Ты съешь зеленую, а жена твоя пусть съест красную.

Царь отдал красную конфету жене. Она съела ее, забеременела а родила мальчика, которого назвали Умным Мухаммедом. Он был смышленым, способным к наукам и к тому же имел красивый голос.

Потом царица родила второго сына, неловкого и неумного; его назвали Умным Ала; а потом родился и третий; тот был и вовсе глупым.

Через десять лет к царю пришел магрибинец и сказал:

— Отдай мне обещанного сына.

Царь отправился к жене:

— Пришел магрибинец за нашим первенцем.

— Ни за что не отдадим его,—сказала мать.—Лучше пусть заберет Али.

— Хорошо,— ответил царь.

Он позвал Али и передал его магрибинцу. Тот взял мальчика и отправился с ним в путь. Шли они горной дорогой до полудня; тут магрибинец спросил Али:

— Не голоден ли ты и не хочешь ли пить?

— Мы идем уж полдня. Как же тут не проголодаться и не захотеть пить? — ответил мальчик.

Магрибинец взял его за руку, отвел назад к царю и сказал:

— Нет, это не первенец!

Тогда царь позвал всех троих сыновей. Магрибинец протянул руку и указал на Умного Мухаммеда.

---

[1] житель Магриба: Магрибом арабы называют страны Северо-Западной Африки.

Прошли они путь в половину дня, и магрибинец сказал Мухаммеду:

— Не голоден ли ты и не хочешь ли пить?

— Если ты хочешь есть и пить, то хочу и я, — ответил тот.

— Да, ты мой сын! — воскликнул магрибинец.

Он топнул ногой и спустился вместе с Умным Мухаммедом под землю.

Этот магрибинец был злым волшебником. Спустившись под землю, он привел мальчика во дворец, стоявший среди сада, принес ему какую-то книгу и сказал:

— Читай!

Умный Мухаммед взял книгу, но не мог понять в ней ни одного слова. А магрибинец сказал ему:

— Если ты не выучишь эту книгу наизусть за тридцать дней, я отрублю тебе голову.

Затем он оставил его и ушел. Двадцать девять дней сидел над книгой Умный Мухаммед и не мог разобрать ни слова. Тогда он подумал: "Завтра я умру; пойду прогуляюсь перед смертью по саду".

Он вышел в сад и увидел там девушку, привязанную за волосы к дереву.

— Кто тебя привязал? — спросил он.

— Волшебник—магрибинец,—ответила девушка.

— А за что?

— За то. что я выучила наизусть книгу колдовства.

Тогда Умный Мухаммед отвязал девушку и сказал:

— Мне он тоже дал книгу, чтобы я выучил ее за тридцать дней: но я не выучил, и вот завтра я умру.

— Я помогу тебе.—сказала девушка,—но, когда магрибинец придет к тебе, скажи, что ты ничего не смог выучить.

И она стала учить его по книге колдовства, а потом сказала:

— Теперь снова привяжи меня за волосы.

Умный Мухаммед привязал ее, .и они расстались.

В конце следующего дня магрибинец пришел к Умному Мухаммеду и спросил:

— Ты выучил книгу?

— Я не понял в ней ни слова,— ответил юноша.

Тогда магрибинец вытащил свой нож, отрезал Мухаммеду правую руку и сказал:

— Даю тебе отсрочку еще на тридцать дней; если не выучишь книгу наизусть, я отрублю тебе голову.

— Хорошо,— ответил Мухаммед.

Когда магрибинец ушел. Умный Мухаммед прочитал три слова из книги колдовства, и рука его приросла к своему месту. Он снова отправился к девушке, отвязал ее, и они стали прогуливаться по саду. И тут они вдруг нашли три потерянных листка из книги колдовства, которые магрибинец вот уже сорок лет тщетно разыскивал. Умный Мухаммед прочитал их, и они с девушкой сумели подняться на поверхность земли. Мухаммед привел двух коней, на одного из них сел он сам, а на другого села девушка.

— Ты поезжай к своим родителям, а я поеду к своим.— сказал Мухаммед.

Он приехал домой и постучал в дверь. Мать отворила ему, обрадовалась, и они пробеседовали до утра. А утром он сказал ей:

— Матушка! Я дам тебе ягненка; продай его, но ни за что не продавай веревку, которая будет на нем.

Мать взяла ягненка и пошла на базар. К ней обратился хозяин кофейни, торговец хашишом /наркотическое средство/:

— Женщина, ты продаешь ягненка?

— Покупай его, но только веревку я не продаю,— ответила она.

— Хорошо. Продашь его за риал[2]?

— Да откроет Аллах врата прибыли,— возразила женщина.

— Хорошо. За полтора риала?

— Ладно, да пошлет Аллах тебе удачу,— ответила женщина.

Торговец хашишом, довольный, взял ягненка.

— Отведу—ка я его в подарок царю,— сказал он. И люди, которые сидели в кофейне, одобрили слова торговца:

— Правильно, это подарок, достойный царя.

Торговец хашишом принес тарелку с водой напоить ягненка. Ягненок поставил в тарелку передние ноги. Торговец ударил его. Ягненок поднял задние ноги, погрузился в воду — и исчез. Торговец всплеснул руками:

— Ах! Ягненок утонул в тарелке!

Люди подумали, что торговец хашишом сошел с ума:

— Нужно его отправить в сумасшедший дом!

А магрибинец между тем отправился туда, где оставил Умного Мухаммеда. По он не нашел ни его, ни девушки и сказал:

— Клянусь Аллахом! Будь он хоть на седьмой земле, я приведу его.

И магрибинец направился в город, где жид Умный Мухаммед. Там он услышал людские толки о ягненке, утонувшем в тарелке. "Не иначе, как это проделка Умного Мухаммеда,— подумал магрибинец.— Нужно остаться здесь и подкараулить его".

---

[2] серебряная монета весом 4,1 г.

142

А хитроумный Мухаммед на другой день позвал свою мать и сказал ей:

— Я дам тебе верблюда, продай его на базаре, но ни за что не продавай вместе с ним и повода, даже если бы тебе дали за него четыре тысячи золотых монет.

Мать обернулась и увидела перед собой верблюда. Она взяла его за повод, привела на базар и поручила перекупщику. А магрибинец стоял в это время на базаре и все видел.

Когда верблюд был передан, магрибинец обратился к перекупщику:

— Мне нужен этот повод. Купи для меня верблюда, если пожелает Аллах, за двадцать тысяч золотых монет. Я возьму только повод, а верблюда отдам тебе.

Перекупщик отправился к матери Умного Мухаммеда:

— Продашь верблюда за четыре тысячи золотых монет?

— Да откроет Аллах врата прибыли,— возразила она.

— А за пять тысяч продашь его? — спросил перекупщик.

— Хорошо, да пошлет Аллах тебе удачу. Но знай, что повод с верблюдом я продать не могу.

— На что тебе этот кусок веревки? — спросил перекупщик.— Возьми за него еще тысячу золотых монет и продай.

Мать Умного Мухаммеда обрадовалась, что может получить такое богатство, и согласилась.

Магрибинец взял верблюда, отдал его перекупщику, а повод выдернул и положил к себе в сумку. Он поскакал в степь, радуясь, что Умный Мухаммед теперь у него в руках.

Но Умный Мухаммед обернулся вороном и взлетел ввысь. Тогда магрибинец превратился в коршуна и помчался за ним. Так летали они два дня и две ночи. Магрибинец стал нагонять Умного Мухаммеда. Но тот увидел внизу какой-то сад, спустился и обернулся гранатом на высоком дереве.

А сад этот принадлежал султану, отцу той девушки, которую освободил Мухаммед. Магрибинец отправился к султану:

— Я прошу у тебя один гранат. Болен близкий мне человек, и он просит гранатовых плодов. А мне сказали, что их нет нигде, кроме как в твоем саду.

— Разве сейчас время для гранатовых плодов? — спросил султан.

Магрибинец ответил:

— О султан! Если не найдется в твоем саду хоть одного граната, пусть падет моя голова.

Тогда султан позвал главного садовника и спросил:

— Правда ли, что у тебя есть гранаты?

— О господин! Разве сейчас время для гранатовых плодов? — изумился садовник.

— Видишь, пропала твоя голова,— сказал султан магрибинцу.

Но тот возразил:

— Прикажи садовнику обойти сад и поискать на деревьях.

По приказанию султана садовник отправился в сад. На одном из деревьев он увидел большой гранат, срезал его, принес и отдал султану.

Тот посмотрел на красивый плод и усомнился, стоит ли отдавать его. Он позвал везира:

— Мне не хотелось бы отдавать этот гранат магрибинцу.

— А если бы в саду не нашлось граната, разве ты не отрубил бы голову магрибинцу? — спросил везир.

— Да, отрубил бы,— отвечал султан.

— Значит, гранат принадлежит ему по праву,— сказал везир.

И султан отдал гранат магрибинцу.

Но не успел магрибинец взять его, как гранат раскололся, и все зерна рассыпались в разные стороны. Магрибинец тотчас обернулся петухом и стал клевать зерна одно за другим. Султан и везир глядели на все это с изумлением.

А Умный Мухаммед спрятался в зернышко, которое закатилось под ножку трона. Магрибинец продолжал клевать зерна, пока не склевал их все. Наконец он увидел и последнее зерно, в котором была жизнь Мухаммеда, и уже вытянул шею, чтобы схватить его, но зерно вдруг превратилось в кинжал. Кинжал ударил петуха в грудь и рассек ее пополам.

Тут Умный Мухаммед принял свой прежний облик и предстал перед султаном.

— Расскажи, что тут произошло? — спросил султан.

И Умный Мухаммед поведал ему всю историю от начала до конца и сказал:

— Это я развязал волосы твоей дочери и освободил ее.

Султан позвал свою дочь.

— Дочь моя, знаешь ли ты этого человека? — спросил он.

Девушка ответила:

— Да, это Умный Мухаммед, который развязал мои волосы.

— Если он твой спаситель, ты должна выйти за него замуж,— решил султан.

Он приказал составить брачный договор, и все веселились целых сорок дней.

А Умный Мухаммед и дочь султана стали жить счастливо и растить сыновей и дочерей.

ХАЛИФ И ТРИ МУДРЕЦА

О Мухаммаде аль-Амине, наследнике Харуна ар-Рашид а, не сложено ни стихов, ни песен, ни легенд. И сказка о нём лишь одна, да и она, возможно, не совсем о нём: в Бирме есть очень похожая сказка о неком короле, в Индии — о неизвестном махарадже, в Египте — о султане, имя которого забылось за давностью лет. И только иракские сказители — да и то не все — утверждают, что героем этой истории был не король, не султан и не махараджа, а багдадский халиф Мухаммад аль-Амин, младший сын знаменитого Харуна ар-Рашид а.

История эта столь же занимательна, сколь и поучительна. Говорят, что взойдя на престол, аль-Амин выказал полное пренебрежение ко всем государственным делам. Он не издавал указов, не вершил судов, не созывал совет, а дни и ночи напролёт развлекался играми, стихами, песнями, вином и любовными утехами. И транжирил государственные деньги как огонь пожирает сухую солому — шумно, ярко, но без малейшей пользы.

Через несколько месяцев казначей намекнул халифу, что расходы казны сравнялись с доходами; ещё немного — и богатства багдадского трона начнут оскудевать. "Надо бы сократить расходы", — посоветовал казначей. В ответ на это аль-Амин велел принести списки всех подданных, которые получают жалование из казны. И ткнул пальцем в три имени, и спросил: "Кто эти люди и за что им платят по тысяче динаров в месяц?"

"О повелитель правоверных, — ответил казначей, — это наши мудрейшие мудрецы — Сулейман Хитроумный, Абдаллах Благочестивый и Айюб Терпеливый. Отец твой ценил их очень высоко, и спрашивал их совета в наитруднейших делах, и они его ни разу не подводили".

"Не припомню я, чтобы мой отец советовался с этими людьми..." — сказал Мухаммад аль-Амин. "Последний раз это случилось пятнадцать лет назад, — ответил казначей. — Ты, мой господин, в то время был ещё юн и не можешь этого помнить".

"И все эти пятнадцать лет они бездельничали и тратили мои деньги! — возмутился аль-Амин. — Подать же их сюда немедленно! Я сам испытаю их мудрость и сам назначу ей цену!"

Вскоре перед халифом предстали три седобородых старца, самому младшему из которых недавно исполнилось девяносто лет. Аль-Амин взглянул на них надменно и сурово и задал им один вопрос: "Что главное в жизни?". Мудрецы ничуть не смутились и ни на мгновение не задумались. Все трое ответили на вопрос халифа, но каждый ответил по—своему.

Сулейман Хитроумный сказал: "Главное в жизни — это разум. Ум для мужчины что красота для женщины; голова без ума подобна телу без души, а глупый человек неотличим от скота. Разум — лучший из даров, а невежество — худшее из бедствий: невежде и удача не в прок, мудрому же и неудача на пользу".

Абдаллах Благочестивый сказал: "Главное в жизни — это праведность. Ибо здесь и сейчас мы не живём, но лишь ожидаем грядущей вечной жизни. Земное существование окончится столь же быстро, как увядает трава без дождя; и в жизни грядущей человеку не помогут ни богатство, ни родовитость, ни красота, но лишь праведность и добродетель".

Айюб Терпеливый сказал: "Главное в жизни — это смирение. Всё, что должно с нами случиться, предначертано от рождения. Смиренного судьба ведёт, непокорного тащит — но оба окажутся там, где им надлежит быть. Что проку строптивому в его строптивости? Что ему суждено, то ему всегда достанется; а чего не суждено, того он никогда не добьётся".

Аль-Амин выслушал эти речи и подвёл им итог: "Три граната в одной руке не удержать, три меча в одни ножны не всунуть. Если главное в жизни это разум, то к чему тогда праведность и смирение? Ведь и без них разумный человек достигнет в жизни всего, чего хочет. Если же земная жизнь лишь подготовка к вечной жизни, то не мудрствовать в ней надо, а молиться и поститься, и не смиряться с судьбой, а творить добро и бороться со злом. Но если всё предначертано от рождения, тогда нету смысла ни учиться, ни молиться, ни бороться — всё равно случится то, что должно случиться. А посему, отцы-мудрецы, если один из вас прав, то двое других не правы. Или же не правы все трое".

Сулейман Хитроумный халифу ответил: "Широкая рука удержит три граната, широкие ножны вместят три меча". Абдаллах Благочестивый эту мысль развил: "Глупость — грех перед Создателем, а упрямство — порождение глупости. Кто праведен, тот и мудр, а кто мудр, тот исполнен смирения". Айюб Терпеливый эту мысль пояснил: "Отец твой, о халиф, был разумен, праведен и покорен своей судьбе. Он вмещал в себе три наших мудрости и не видел в них противоречия".

Мухаммад аль-Амин счёл их речи бессмысленными и оскорбительными, но не сумел ничего возразить и ни к чему придраться. И сказал он Сулейману, Абдаллаху и Айюбу: "Учёность познаётся по словам, мудрость познаётся по делам. Нынче испытал я вашу учёность и нашёл её безупречной. Завтра испытаю я вашу мудрость. Если вы выдержите испытание, то я увеличу ваше жалование вдвое; если же не выдержите, то не жить вам на этом свете".

И отправил их по домам, втайне надеясь, что они испугаются и убегут из Багдада. Но мудрецы не сбежали, а явились к халифу на другой день поутру, уверенные, что выдержат испытание.

Мухаммад аль-Амин принял их любезно и радушно, как будто и не сердился на них вчера. Он велел накрыть стол и щедро угостил мудрецов наилучшими яствами, и лично проследил, чтобы они отведали всех блюд и напитков. Сам же он пил только воду и ел только фрукты, поскольку напитки и блюда были щедро приправлены отменным индийским банджем — таким, что если бы его понюхал слон, он проспал бы сутки напролёт.

Не ожидая подвоха, старики пили и ели вдоволь — и не заметили, как бандж сковал их тела и похитил их разум. И тогда аль-Амин хлопнул в ладоши, и призвал своих доверенных людей и приказал им: "Отнесите этих гашишеедов в лодку, перевезите их на остров Амр и спустите в зиндан Муканны".

И люди халифа отвезли спящих на остров и спустили их в каменный колодец, называемый "зиндан Муканны" — а глубина этого колодца была тридцать локтей, и в полдень со дна его видны были звёзды, а сверху не видно было дна. И вместе со стариками в колодец были опущены три вещи: светильник, огниво и послание, запечатанное перстнем Мухаммада аль-Амина. И вот что было написано в том послании:

"Не удивляйтесь, отцы—мудрецы, что вы оказались в столь глубоком и тёмном месте. Я, повелитель правоверных, обещал испытать вашу мудрость, и я изобрёл для неё достойное испытание. Сегодня вам предстоит выбраться из колодца без лестницы и верёвки, без лопаты и без ножа, но единственно силою вашей драгоценной мудрости, за которую мой отец платил вам по тысяче динаров в месяц. Примените же её и не медлите! Если завтра утром вы встретите меня наверху, я буду платить вам вдвое больше; если же я обнаружу вас на дне, то колодец станет вашей могилой!"

И халиф не поставил у колодца охранников, дабы Сулейман, Абдаллах и Айюб не обольстили их своими хитроумными речами и не склонили к содействию. А остров Амр был бесплоден и необитаем, и горожане не имели нужды посещать его, и он пребывал в запустении с тех давних времён, когда на нём вырыли зиндан Муканны. И никто, кроме халифа и его доверенных людей, не знал о том, куда отправлены мудрецы, и никто не мог прийти к ним на помощь.

На другое утро халиф отправился на остров, предвкушая, как старики будут в отчаяньи взывать к его милосердию из тёмных недр зиндана. Однако Сулейман, Абдаллах и Айюб вышли ему навстречу и приветствовали его с улыбками на устах. "Радуйся, о халиф — мы нашли

147

путь наверх!" — сказал Сулейман Хитроумный. "Убедись, о халиф — Аллах не губит праведных и добродетельных!" — сказал Абдаллах Благочестивый. "Мы покорились судьбе, и она явила нам свою благосклонность" — сказал Айюб Терпеливый.

Халиф едва не лишился дара речи от удивления и досады. "Как вам это удалось?" — вымолвил он наконец.

"Мы очнулись и прочли твоё письмо, — сказал Айюб Терпеливый, — и задумались над решением твоей задачи, и пришли к выводу, что она неразрешима. И нам осталось лишь смириться со своей участью и уповать на твоё милосердие…"

"…и на милость Аллаха, — добавил Абдаллах Благочестивый. — Но мы не стали докучать Всевышнему мольбами и просьбами, а лишь покаялись в своих грехах и далее уподобились остывшему пеплу, готовясь умереть для жизни бренной и воскреснуть для жизни вечной. Но вскоре до нас донёсся топот множества ног, а затем голоса мужчин…"

"…и мы решили было, что утро уже настало, и ты, о халиф, уже подъезжаешь к колодцу, — продолжил Сулейман Хитроумный. — Однако речи приблизившихся были грубы и ничуть не походили на речи придворных. Прислушавшись, мы догадались, что это разбойники, а наш колодец — не что иное как тайник, в котором они прячут сокровища.

И когда один разбойник спустился в колодец с мешком награбленного, мы окружили его и объявили: "Именем халифа Мухаммада аль-Амина, ты арестован! Бросай оружие и скажи своим сообщникам, что они окружены!" Абдаллах зажёг светильник, и он осветил печать на твоём письме. Увидев её, разбойник закричал: "Братья, бегите и забудьте обо мне! Тут повсюду люди халифа!"

И разбойники разбежались, а мы связали их человека своими поясами и поднялись по верёвочной лестнице, которую они оставили. Загляни в колодец, о халиф — ты увидишь там пленённого злодея, и при нём множество улик, свидетельствующих о его преступлениях. Мы же стоим здесь, наверху…"

"…и это свидетельствует лишь о том, что вам повезло! — перебил его Мухаммад аль-Амин. — Вам повезло, что разбойники наведались сюда в нынешнюю ночь, а не в прошедшую или в следующую. Вам повезло, что они испугались и разбежались, а не вытащили вас из колодца и не убили. И вам повезло, что они надёжно привязали лестницу, а не держали её в руках и не уронили при бегстве. Без этих трёх удач ваша мудрость была бы как парус без ветра: разум Сулеймана не смог бы решить мою задачу, а Абдаллахово благочестие и Айюбово смирение тем более с ней бы не справились. Значит, удача и есть главное в жизни — не так ли, отцы—мудрецы?"

"Слава тебе, о халиф, — сказал Сулейман Хитроумный, — сегодня ты обрёл свою мудрость, высокую как небо и бездонную как море. Да будет она тебе путеводной звездой; а мне разреши удалиться, ибо в сравнении с тобой я глуп, как дитя". "Сохрани тебя Аллах, о повелитель правоверных! — сказал Абдаллах Благочестивый. — Ты постиг сущность жизни, и ни к чему тебе теперь добродетель и благочестие. Позволь мне уйти, ведь я уже стар и мне пора готовиться предстать перед Всевышним". "Удачи тебе, о халиф! — сказал Айюб Терпеливый, — да будет твоя судьба лёгкой как пух и сладкой как мёд. Я же смиренно прошу тебя об отставке".

"Убирайтесь все трое!" — воскликнул халиф и велел увезти их с острова вместе с разбойником. А затем его стражники спустились в зиндан Муканны и раскопали его дно и подняли на поверхность пять мешков золота и серебра и великое множество иных ценных вещей и изделий. И халиф вернулся во дворец на закате, и вызвал казначея, и приказал ему составить опись привезенных ценностей. И заявил ему: "Счастлив и благодатен был нынешний день! Сегодня я не только обогатил казну великой прибылью, но и сократил её расходы на три тысячи динаров в месяц!"

Казначей, услышав об этом, огорчился и опечалился. "О мой господин, — спросил он, — неужели ты отправил в отставку наших мудрецов?"

"Они ушли по собственной воле, — пояснил халиф, — и я не стал их удерживать. Они не выдержали испытания, они раскаялись в собственной глупости, они признали, что я мудрее их — и я не вижу ничего дурного в том, что они ушли".

"О мой повелитель, — спросил казначей, — не разгневаешься ли ты на меня за то, что я сейчас скажу?"

"Говори, — ответил халиф. — даю тебе слово, что не буду гневаться".

И казначей сказал: "Если бы Сулейман, Абдаллах и Айюб оспаривали твоё мнение и просили оставить их при дворе — я усомнился бы в том, что они умны. Но в том, что они не стали спорить с тобой и подали в отставку, я вижу неопровержимое доказательство их мудрости. Не мне осуждать твои поступки, но уход мудрецов — дурная примета. Известно, что правитель, от которого уходят мудрецы, не процарствует и года. Умоляю тебя: догони их и постарайся вернуть, пока они не ушли далеко!"

"Вижу я, — ответил ему халиф, — что и ты уже состарился и пережил свой ум. Тебе так дороги эти живые мощи? Так отправляйся вслед за ними, я тебя не буду удерживать. Воистину, напрасно ты сказал, что после их ухода я не процарствую и года: трусость и суеверие не к лицу мужчине. Через год я припомню тебе эти слова, и ты пожалеешь о том, что не к месту распустил свой язык!"

И казначей не стал дожидаться, пока пройдёт год, а покинул халифа на следующий день. Но его предсказание оказалось неточным: Мухаммад аль-Амин продержался на троне не год и не два, а целых три с половиной. И всё это время он не отказывал себе ни в чём, не слушал ничьих советов и гнал от себя всех, кто осмеливался ему перечить. А потом в халифате началась гражданская война, Багдад захватили персы, и халиф погиб в бою от рук простого солдата из Хорасана, имя которого не известно ни сказителям, ни историкам.

ХИТРЫЙ ПРОДАВЕЦ

Некий человек стоял на базаре и держал в руках маленькую шкатулочку. Он расхваливал свой товар — кусочки олова и горсточку растертых трав — и уверял, что любой покупатель может превратить это олово в золото.

Мимо проходил Ахмет. Услышав слова продавца, он остановился и спросил:

— Как же сделать такое чудо?

— Очень просто,— ответил владелец шкатулки,— возьми кусок олова и положи его в горшок, а горшок поставь на огонь. Когда олово растает, высыпь в него щепотку растертых трав и взбалтывай содержимое в течение двух часов. И тогда ты увидишь, что на дне горшка появится золотой слиток.

Обрадованный Ахмет купил у продавца самый большой кусок олова, зажал в кулаке горсточку растертых трав и отправился домой. Но не успел он пройти несколько шагов, как услышал, что хозяин шкатулки зовет его. Ахмет вернулся.

— Я забыл предупредить тебя,— сказал продавец,— когда будешь взбалтывать тающее олово, ни в коем случае не думай о танцующем белом медведе. Иначе у тебя ничего не получится.

Ахмет рассмеялся:

— С чего это я вдруг стану думать о белом медведе? Мне до него нет никакого дела.

Придя домой, Ахмет рассказал обо всем жене и дочерям и, спровадив их из кухни, весело принялся за работу.

Ахмет положил олово в горшок, горшок поставил на огонь, а когда олово растаяло, высыпал туда щепотку трав и принялся усердно взбалтывать содержимое.

Прошел час, два, два с половиной.

Наконец жена, не выдержав больше, приоткрыла дверь и спросила:

— Ну как золото — настоящее?

— Не иначе, как сам черт вмешался в это дело! — вытирая со лба пот, ответил ей измученный Ахмет.— Пятьдесят три года я живу на свете и никогда не видел танцующего белого медведя — ни наяву, ни во сне. А сейчас, когда я не должен думать о нем, он мерещится мне везде. Он так и пляшет повсюду перед моими глазами — на полу, на полках, на столе. Даже когда я заглядываю в горшок, я и там вижу танцующего белого медведя.

ХЛЕБ И ЗОЛОТО

Аббас был бедный феллах[3]. Целыми днями трудился он, чтобы добыть пропитание себе и своей семье, а в свободные часы все думал о том, как бы найти клад, который избавил бы его от нужды.

Однажды в очень жаркий день Аббас, как обычно, работал в поле. Почувствовав сильную усталость, он сел под дерево и принялся мечтать: "Если бы Аллах дал мне волшебную силу, чтобы я мог превращать все, чего ни коснусь рукой, в золото, — тогда я избавился бы от тяжкого труда и зажил в полном довольстве".

И вдруг он услышал голос:

— О Аббас! Сейчас ты получишь то, чего тебе так хочется! Положи свою руку на какой—нибудь предмет — и он тотчас превратится в чистое золото.

Аббас не поверил своим ушам. Но все же потянулся к земле и взял маленький камешек. Едва он коснулся его — камешек тут же превратился в чистое золото. Потом Аббас дотронулся до другого камня — и тот тоже стал золотым.

Аббас очень обрадовался и подумал: "Сейчас я отправлюсь в город и превращу пыль и камни в золото... Потом куплю много земли, построю на берегу реки дворец и окружу его огромным садом... Я куплю прекрасных коней и облачусь в роскошные одежды..."

Тут он хотел подняться, но, почувствовав сильную усталость, голод и жажду, понял, что не сможет идти.

---

[3] Феллах — крестьянин , земледелец.

"Съем-ка я то, что принес с собою утром из дому",— решил он и протянул руку к завтраку, который лежал в маленьком мешочке возле дерева. Аббас взял лепешку, но, положив ее в рот, почувствовал металл. И хлеб превратился в золото!

В мешочке оставалась еще луковица. Аббас поспешно схватил ее. Каково же было его смятение, когда и луковица стала золотым слитком, который он не мог съесть!

Аббас страшно перепугался. Как он будет теперь пить и есть? Как будет жить в этом мире золотых слитков? Ведь так он очень скоро умрет от голода и жажды, даже не попользовавшись золотом, которое без труда дается ему в руки.

Так думал Аббас, представляя, как умрет в муках от голода и жажды, раз все, чего бы он ни коснулся, превращается в золото.

Но тут он открыл глаза, увидел себя примостившимся в тени дерева и понял, что грезил. Глубокий вздох облегчения вырвался из его груди; словно гора свалилась у него с плеч.

— Слава Аллаху, что все это было лишь сном! — проговорил он.

ЦАРИЦА ДУХОВ И ЗМЕЙ

Жил некогда в городе Бальсоре молодой человек по имени Азем, который занимался красильным мастерством. Он славился отличным вкусом в выборе своих красок, равно как и красотою своего лица, и веселым расположением духа. Но был он небогат и содержал еще доходами от трудов своих старуху мать, которая жила с ним вместе.

В один день, когда он был занят обыкновенно своей работою, увидел он вошедшего в его мастерскую богато одетого чужестранца, который, взглянув на него, вскричал:

— Как молодой человек с такой наружностью и с таким умом может заниматься подобным мастерством?

— Я не стыжусь, — сказал Азем, — честного моего ремесла и умею ограничивать мои желания.

— Но если бы представилось тебе, — продолжал незнакомец, — средство скоро составить свое счастье, неужели ты стал бы противиться и не хотел бы воспользоваться им?

— Нет, если бы оно не обременяло моей совести, то принесло бы мне большое удовольствие.

— Сын мой, — сказал чужестранец. — Я имею средство для этого; я знаю чудный секрет превращать простой металл в золото и могу составить твое счастье. Будь завтра как можно раньше в своей лавке.

Азем после ухода старика много думал о его предложении и, посоветовавшись с матерью, стал с нетерпением ждать утра.

На рассвете дня он побежал в свою лавку, желая свидеться с новым своим приятелем, который не заставил себя долго ждать и вскоре явился с плавильным горшком в руках. После обычных приветствий незнакомец попросил молодого человека развести огонь. Он спросил, нет ли у него какого-нибудь низкого металла — железа, свинца или чего подобного. Азем нашел старый медный горшок и изломал его на куски. Затем незнакомец взял сосуд, потом, сняв чалму, всыпал в него желтого песка, проговорил несколько таинственных слов, снял сосуд с огня, и в нем вместо меди очутился блестящий слиток золота.

Восхищенный Азем стал просить незнакомца поделиться тайной.

— Хорошо, я приду к тебе вечером, и если мы будем наедине, то с удовольствием открою секрет, — сказал незнакомец.

Вечером Азем приготовил по средствам своим богатый ужин и вскоре увидал входящего старика.

За ужином Азем много выпил вина, к которому не был привычен, и скоро опьянел.

Когда старик увидел, что Азем слишком пьян, то незаметно всыпал ему усыпительного порошка и заставил выпить. Как только Азем выпил, то повалился на свою подушку, погруженный в глубокий сон.

Злой старик воспользовался этим и, положив Азема в сундук, крикнул носильщиков, заранее приготовленных, которые, взяв сундук, отнесли его на корабль, готовый к отплытию.

Мать Азема, возвратясь домой, очень удивилась, что сына ее нет; прождав еще день, наконец догадалась, что с ее сыном случилось несчастье. Отчаяние бедной матери было невыразимо.

Между тем коварный похититель плыл с попутным ветром. Он был злой чародей, ежегодно он ездил в Хорасан, область Персии, чтобы сманить какого-нибудь мусульманина и посредством его добыть нужные вещи для алхимии и потом умертвить, дабы тайна его не была открыта.

Через два дня после их отплытия Барам[4] открыл сундук и попрыскал какою-то жидкостью в лицо Азема. Азем чихнул, протер глаза и с удивлением стал озираться вокруг себя. Очень скоро он понял, что попался в сети злодея.

Обратившись к старику, Азем сказал:

---

[4] Так звали чародея.

— Что ты делаешь со мною, отец мой? Ты обещал мне удовольствия и богатства, то ли это, в чем ты меня обнадежил?

— Неверная собака, собака мусульманская, — отвечал чародей, — ты бы должен умереть от руки моей, и наслаждение мое должно бы составлять продолжение твоих мучений; ты сороковая жертва моя. Есть еще для тебя спасение: отрекись от ислама и поклонись священному огню, который я чту.

— Да погубит небо тебя и твою веру! — отвечал Азем, вскочив, как исступленный. — Клянусь Магометом, что никогда не променяю веры в истинного Бога.

— Несчастный! — возразил тотчас чародей, который не мог более воздерживаться. — Я постараюсь поколебать твое упорство.

Говоря это, он кликнул невольников и приказал сечь Азема бичом, а после истязания велел бросить его в нижнюю часть корабля, давая ему немного хлеба и воды для поддержания жизни. Подобного рода страданиям Азем подвергался ежедневно.

В один день плавания поднялась жестокая буря; волны поднимали корабль до облаков и грозили разбить его вдребезги. Корабельщикам пришла счастливая мысль, что причина гнева Божьего — истязания, которым подвергался Азем, поэтому они приказали тотчас освободить его, а Барама заставили просить у него униженно прощения. Невольников же его, в предупреждение возмущения, бросили за борт.

Буря утихла. Барам, скрыв гнев свой, притворными ласками опять получил доверие неопытного Азема.

Наконец показалась земля. Чародей вышел на берег с Аземом и сказал ему, что они прибыли в ту страну, где можно добывать золото. Он приказал капитану корабля дожидаться их месяц у этого берега, а затем они пошли в глубь страны.

Когда чародей увидел себя наедине с Аземом, он вынул из—под одежды небольшой тимпан с двумя палочками и стал бить марш; тотчас поднялась буря, и из обломков пыли явились три верблюда, из которых один был навьючен разными припасами.

Сев на верблюдов, они понеслись с удивительной быстротой. В продолжение восьми дней ничего не встречалось им на пути; на девятый же день Азем увидел блестящий замок, к которому он хотел направить путь, но Барам повернул влево, и верблюд Азема, несмотря на его усилия, последовал за Барамом.

Прибыв в лесок, они сели отдохнуть, и Барам объяснил, что этот замок обитаем злыми духами, которые сделали ему много зла.

Отдохнув, они опять пустились в путь и вскоре заметили вдали цепь черных гор. Барам сказал Азему:

— Вершина этих гор есть цель нашего путешествия, и если ты будешь исполнять мои приказания, то мы возвратимся богаче самих царей.

Спустя четыре дня они прибыли к подножию черных гор. Но они не были еще у цели своего путешествия: ужасная пропасть отделяла их от вершины горы.

Сойдя с верблюдов, они закусили, и Барам убил третьего верблюда, из которого вынули внутренности.

— Сын мой, — начал он, — теперь предстоит последнее усилие, для этого ты должен влезть в утробу верблюда; когда я зашью тебя, то большая птица рох, подумав, что это падаль, унесет тебя на вершину горы, и ты, почувствовав, что опустился, разрежь кинжалом кожу животного; выйдя, набирай скорей черной земли вот в этот мешок, который потом привяжи к веревке и спусти вниз; затем по этой же самой веревке спустись сам вниз.

Азем принужден был повиноваться и лезть в утробу животного.

Спустя некоторое время появился громадный рох и, подняв убитого верблюда, понес его на вершину горы.

Азем сделал все, как приказывал Барам, и уже приближался к скале с мешком черной земли.

— Сын мой, — кричал ему снизу Барам, — скорей привяжи мешок и опускай сюда, потом привяжи веревку к ближайшему дереву и спускайся сам.

Азем, не подозревая ничего, опустил мешок. Но едва Барам схватил его, как стал сильно тянуть веревку, чтобы стащить и Азема, который, не находя возможности спасти жизнь, должен был выпустить веревку.

— Мусульманская собака, теперь ты дорого заплатишь за унижение, какому подвергал меня! — закричал чародей. — Иди, отыскивай своих, уничтоженных мною товарищей, которых там тридцать девять человек.

Несмотря на отчаяние и просьбы Азема, он сел на верблюда и скрылся из виду. Азем долго плакал и убивался; наконец, успокоившись, уснул. Пробудясь, он увидел около себя громадную змею, готовую проглотить его. Азем мгновенно выхватил кинжал и ударил животное в голову. Величина змеи подала ему мысль снять с нее шкуру и сделать веревку, по которой он мог бы спуститься. Он тотчас принялся за работу и в скором времени завершил ее успешно.

После нескольких попыток он стал спускаться по сделанным им ремням и достиг наконец, не без труда, подошвы горы.

Поблагодарив Господа, он пошел по старой дороге, по которой приехал сюда.

Спустя некоторое время он увидел тот блестящий замок, в котором жили, по словам Барама, злые духи. Азем, несмотря на это, решился идти туда. Его поразило великолепие дворца и окружающего сада; после долгой нерешительности он вошел в дом и, пройдя первую комнату, нашел во второй зале двух девиц, играющих в шахматы.

Едва только они увидели его, как одна из них сказала:

— Ах, сестрица, это, вероятно, тот молодой человек, который несколько дней тому назад проехал здесь с чародеем Барамом.

— Я тот самый, — сказал Азем, бросившись к ее ногам и прося ее покровительства.

Сестры с удовольствием приняли его как брата, объяснив, что поставлены здесь родителем своим для наблюдения за замком.

Азем жил в полном согласии с сестрами, и дружба его с ними возрастала с каждым днем.

Случалось, однако, что в известное время его прятали в комнату, из которой он не мог ничего видеть, что происходило во дворце.

В один день пришло ему в голову не послушаться сестер и тихонько пробраться в лесок; и как велико было его удивление, когда он увидел в купальнях множество молодых женщин, прекрасных, как гурии. Азем особенно заметил одну из них, которой был очарован.

Он довольно часто употреблял эту хитрость, чтобы насладиться прелестями незнакомки. Обе сестры, не зная ничего, с горестью заметили, что брат их Азем худеет с каждым днем. В ответ на их неотступные просьбы объяснить причину этого, Азем признался в любви к прелестной незнакомке, точившей его сердце. Сестры высказались о безрассудности этой страсти, так как безумно смертному влюбиться в одну из сестер царицы духов, которой принадлежит этот замок.

Наконец, видя, что Азем не перестает тосковать, они из братской любви к нему открыли секрет, как достать незнакомку, посоветовав во время купания унести ее легкую одежду.

При первом же случае, когда нимфы разделись, влюбленный Азем похитил одежду любимой. После купания нимфы оделись в воздухе. Одна из них, оставшаяся пленницей, стала горько плакать и просить похитителя возвратить ей одежду, но безуспешно.

Долго она потом отвергала любезности Азема и сестер его. Но наконец прекрасное лицо юноши, его страстная любовь заставили ее ответить на его чувство, и вскоре Азем сделался супругом царевны Летучих островов.

Прожив там некоторое время, Азем вздумал посетить мать свою и объявил об этом жене и сестрам.

Распростившись с сестрами, молодые отправились в путь.

Прибыв в Бальсору, Азем нашел там свою мать, радость которой невозможно выразить словами; она с восторгом обнимала свою невестку, красота которой казалась ей обворожительной; она простирала руки к небу и благодарила за благополучие, которое оно ниспослало ей на старости лет.

Осыпанный дарами счастья и любви, Азем был тогда одним из богатейших и счастливейших жителей Бальсоры. Два прелестных сына вполне довершали его блаженство.

Прожив несколько лет в Бальсоре, Азем вспомнил об обещании, данном сестрам: навестить их. Призвав мать, отдал ей воздушное платье своей жены с наказом ни под каким видом не отдавать его ей. Затем, простившись с женою, детьми и матерью, отправился в путь.

Путешествие его было благополучно, и, прибыв во дворец сестер, он был принят ими с неописанною радостью.

Несколько дней спустя после отъезда Азима супруга его попросила у свекрови позволения сходить в общественные бани. Старая женщина согласилась и проводила сама свою невестку до бани, которую посещали знаменитейшие городские госпожи, а также и придворные халифа Гарун-аль-Рашида, находившегося тогда в Бальсоре.

Придя туда, они нашли в бане многих женщин из свиты султанши Зубейды, которые, едва увидели Аземову супругу, были поражены сверхъестественной ее красотою. Некоторые даже, не насытившиеся ее лицезрением, провожали ее до самого дома и возвратились очень поздно во дворец.

Когда Зубейда увидела, что они пришли, то изъявила свое неудовольствие таким долговременным отсутствием их и хотела непременно узнать причину этому. Услышав удивительные отзывы о красоте Аземовой супруги, она возымела сильное желание сама увидеть ее и в следующий день велела просить к себе Аземову мать.

Как только последняя к ней вошла, Зубейда сказала:

— Ничего не бойся. Я слышала, как расхваливают твою невестку и превозносят ее, как диво красоты; желая ее видеть, я повелеваю тебе привести ее ко мне.

Мать Азема не осмелилась противоречить повелению султанши, преклонила с почтительностью свою голову и, пообещав исполнить ее желание, поспешила домой.

— Султанша Зубейда хочет тебя видеть, — сказала она своей невестке, — поспеши к ней отправиться.

Супруга Азема обрадовалась такому известию, тотчас нарядилась в самое богатое свое платье и в сопровождении детей своих и свекрови отправилась во дворец.

Когда они прибыли, взоры всех устремились на них. Султанша, ослепленная столькими прелестями, вскричала:

— В какой стране могла родиться такая небесная красота?

Она с приветливостью пригласила ее сесть подле себя и велела принести для нее что-нибудь прохладительное. Она превозносила ее похвалами и просила рассказать свою историю, которая еще больше увеличила ее удивление.

— Государыня, — сказала ей Аземова супруга, — если ты удостаиваешь находить меня прекрасною в этом платье, что же бы ты сказала, если б увидела меня в моем собственном одеянии. Если тебе угодно удовлетворить свое любопытство, то прикажи моей свекрови отдать мне мое воздушное платье; она не посмеет тебе отказать в этом, и это предоставит тебе случай увидеть чудесное зрелище.

Зубейда, ничего не подозревавшая, приказала тотчас же Аземовой матери идти домой и принести одежду. При этих грозных словах старуха затрепетала, вспомнив обещание, которое она дала своему сыну, но не осмелилась сделать никакого возражения, пошла домой и принесла волшебное платье.

Зубейда долго и внимательно рассматривала его и удивлялась искусству, с каким эта легкая ткань выткана, потом передала ее Аземовой супруге, у которой блистали глаза от радости.

Коль скоро одежда находилась уже в ее власти, она поспешила надеть ее на себя, проворно сошла на дворцовый двор, взяла обоих детей в свои руки и прежде, нежели вздумали ее удержать, поднялась с ними в воздух пред удивленными взорами султанши и всей ее свиты.

— Прощай, любезная матушка, — закричала она, — поручаю тебе утешать супруга, скажи ему, что я никогда не перестану его любить, но непреодолимое желание видеть моих родных принуждает меня его оставить. Если же он так любит меня, что не может без меня жить, то должен отыскать меня на островах Ваак-аль-Ваак.

Сказав это, она поднялась выше и исчезла между облаками.

Когда Аземова мать потеряла ее из виду, отчаянию ее не было предела, она не в силах была скрыть горести и жаловалась на султаншу, как на виновницу ее злополучия.

Зубейда, сама проникнутая жалостью и скорбью, сожалела о своем любопытстве.

В то время, как все это происходило в Бальсоре, Азем посреди обильных и сердечных угощений думал о своей супруге и желал быть с нею. Он ускорил отъезд свой и, распрощавшись с сестрами, отправился в путь.

Когда он прибыл домой, он нашел мать свою одну, проливающую горькие слезы.

— Что приключилось? — вскричал он. — О матушка! Где моя жена, где мои дети?

При этом вопросе слезы старой женщины удвоились, и ничем невозможно выразить отчаяние Азема, когда он узнал о горестной потере.

Придя в себя, он стал спрашивать, что говорила в последний раз его жена. Узнав обо всем, он принял твердое решение отправиться на острова Ваак—аль—Ваак. Несмотря на слова людей, что эти острова лежат от Бальсоры на пути в 155 лет и что невозможно достигнуть их, Азем не переменил своего намерения и вскоре отправился в путь.

Когда он прибыл для совета к сестрам, которые были весьма удивлены его возвращением и особенно его предприятием, они всячески отговаривали его, представляя невозможность исполнения этого намерения.

Но видя, что никакие убеждения не действуют, они, посоветовавшись между собой, дали ему рекомендательное письмо к двум своим дядям, из которых один звался Абд-аль-Куддус, а другой Абд-аль-Сюлли б, и оба жили в отдалении трех месяцев езды.

Распростившись с сестрами, Азем отправился с письмами. После нескольких месяцев путешествия он приехал в долину; природа была тут так богата и обильна, что он некоторое время думал, что попал в рай земной. В некотором отдалении он увидел прекрасное здание и отправился к нему. Один почтенный старик сидел под красной колоннадой. Взор его с любопытством остановился на незнакомце, который приближался к нему, и он ему приветливо поклонился. Привлеченный благородным видом Азема, он пригласил его сесть.

Этот старик был Абд-аль-Куддус, который, прочитав письмо своих царевен и узнав о предприятии Азема, начал уговаривать его не предпринимать этого путешествия, так как оно полно опасностей и трудностей.

— Дорога идет, — говорил он, — по бесплодным, дикими зверями наполненным пустыням, необработанная, иссохшая земля не дает никаких плодов, и напрасно бы ты хотел, умирая от жажды, найти что-нибудь, чтобы освежиться: ни один источник не представится твоему отчаянному взору. Оставь же это, сын мой, не подвергай себя гибели и возвратись домой.

Но тщетно старался Абд-аль-Куддус поколебать решимость Азема; он ничего не хотел знать и, отдохнув, хотел отправиться в дорогу.

Старик, удостоверившись, что никак не может отговорить Азема, решился облегчить ему путь. Проговорив несколько таинственных слов, он приказал явившемуся пред его глазами духу перенести Азема к брату его Абд-аль-Сюллибу.

Дух посадил Азема на плечо и с необыкновенной быстротой помчался по воздуху. К закату солнца он представил его во дворце Абд-аль-Сюллиба.

Абд-аль-Сюллиб, прочитав письмо от племянниц, весьма удивился смелости молодого человека и так же, как и брат его, уговаривал отложить это предприятие. Но слезы и просьбы Азема растрогали старика, и он решился помочь ему. Созвав совет из десяти духов, старик спросил их мнение. Духи тоже удивились отважности молодого человека, но решили помочь ему — перенести его до границы владений своих.

Азем поблагодарил Абд-аль-Сюллиба и, распростившись с ним, полетел вместе с десятью духами. В продолжение одного дня и одной ночи они достигли земли Кафоор, границы их владений. Распростившись с Аземом, духи полетели назад.

Азем, принеся усердную молитву Аллаху, продолжал свой путь; он странствовал десять дней, не встречая ни одной живой души. Наконец он увидел трех человек, которые, повидимому, пылали сильным гневом. Азем вознамерился приблизиться к ним, чтобы их разнять, как все трое ссорящихся, у видя его, тотчас воскликнули:

— Этот молодой человек должен быть посредником в нашем споре!

Когда он подошел к ним ближе, они спросили его, хочет ли он быть посредником. И когда Азем принял их предложение, они показали ему шапку, барабан и шар и сказали:

— Мы трое братьев, получившие это от родителей наших в наследство, но так как они перед смертью своей не объявили, кому какая вещь должна достаться, то между нами произошел жаркий спор, и потому будь нашим посредником и определи, что каждому из нас должно получить; мы клянемся, что определение твое нас успокоит.

Удивленный Азем спросил:

— Скажите же мне, какую цену может иметь каждая из этих трех вещей, потому что я за них ничего бы не дал.

— Молодой человек, — воскликнули они, — каждая из этих трех вещей имеет волшебную силу, которая, будучи взята отдельно, превосходит все сокровища земные. Соблаговоли только нас выслушать.

— Эта шапка, — сказал старший, — имеет силу делать невидимым. Поэтому тот, кто ею обладает, может достигнуть высочайшего счастья.

Азем со вниманием слушал рассказ о всех выгодах, какие можно извлечь из этой драгоценной шапки, и думал про себя, что никому бы она не была так полезна, как ему.

— Теперь, когда я удостоверен в достоинствах этой удивительной шапки, скажите мне также и о свойстве медного барабана.

— Обладающий такой драгоценностью, — сказал второй брат, — если попадет в самое опасное положение, мгновенно будет выведен из него, ударив по литерам, которые высечены на барабане.

"Этот барабан истинно для меня сделан, — сказал про себя Азем, — и он мне гораздо полезнее, нежели этим трем людям".

— И это очень хорошо, — сказал он второму брату, который так расхваливал ему барабан, — посмотрим теперь, какое достоинство заключается в этом деревянном шаре.

— Господин, — отвечал третий брат, — кто будет обладать этим шаром, тот найдет в нем чудесную силу. Он может кого бы то ни было в мгновение перенести из одного конца земли на другой; с помощью его можно в два дня совершить путь, на который потребно двести лет, надобно только ему назначить место, куда желаешь быть перенесен; он тотчас повернется и пролетит все пространство так скоро, как бурный вихрь, унося с собою желающего с ним путешествовать.

Когда третий брат окончил свою речь, Азем рассудил присвоить себе шар так же, как и другие две вещи.

— Но довольно того, — сказал он им, — что вы мне рассказали о силе этих трех вещей; я должен удостовериться также в истине ваших слов. Иначе я не могу быть вашим посредником.

— Ты справедливо рассуждаешь! — вскричали все три брата. — Испытай же их силу, как тебе угодно, и да поможет тебе Аллах в твоем предприятии.

Тогда Азем надел шапку на голову, прицепил барабан к своему поясу, бросил шар на землю и назвал место, куда хотел отправиться; послушный шар поднялся тотчас и пролетел с ним все пространство с быстротой ветра.

Когда братья увидали, что Азем так поспешно удаляется с их наследством, они бросились за ним, крича:

— Ты уже сделал желаемый опыт: разве еще не довольно? Будет, остановись же!

Но они тщетно кричали изо всех сил, Азем был уже на десять дней пути от них.

Его шар наконец остановился перед воротами обширнейшего здания. Азем вышел из своего кораблика и хотел узнать, ударив по барабану, какое это место, но его прервал голос.

— Ты победил, Азем, ты преодолел часть затруднений, которые тебе предстояли. Тщательно храни свой шар, потому что ты теперь находишься в области злых духов.

Азем последовал совету голоса, спрятал свой шар под одежду и, озираясь, спросил:

— Кто ты таков?

— Я, — отвечал голос, — один из духов, которые силою барабана тебе служат. Продолжай свой путь, потому что ты еще на три года пути от островов Ваак—аль—Ваак.

Азем продолжал путь и зашел в долину, покрытую гадами, змеями и хищными зверями. Он ударил по барабану и спросил:

— Какая это земля?

— Это земля драконов, — отвечал голос. — Будь осторожен, не мешкай здесь.

Азем во избежание несчастия надел шапку—невидимку и благополучно прошел страшную долину.

Наконец он достиг морского берега и увидал вдалеке острова Ваак—аль—Ваак, краснопылающие горы которых от лучей заходящего солнца казались позлащенными облаками. Первый взгляд на них наполнил его удивлением и страхом, однако он скоро ободрился и ударил несколько раз по барабану.

— Чего ты хочешь? — спросил его дух.

— Как мне достичь тех островов, минуя это обширное море? — спросил Азем.

— Ты этого не сможешь сделать, — сказал голос, — без помощи почтенного мудреца, который живет в пустыне у подножия горы.

Азем пустил шар и скоро прибыл к жилищу старца. Вошедши к нему, Азем был весьма дружелюбно принят им и стал просить его доставить ему средство переплыть море.

Старец, выслушав все приключения Азема, посмотрел в таинственную книгу и, прочитав несколько слов про себя, сказал ему:

— Завтра утром, сын мой, мы отправимся к этим горам, и ты переправишься через море, исполненное чудес.

С наступлением дня пустынник и Азем отправились в путь и, поднимаясь с трудом по чрезвычайной крутизне, достигли здания, которое имело вид укрепления. Они вошли во двор, посредине которого стояла исполинской величины статуя, из нее выходило множество труб, через которые лилась вода в мрачный обширный водоем. Это чудо было делом духов. Пустынник развел огонь, бросил в него душистый порошок и произнес многие неизвестные Азему слова. Только он окончил свое заклинание, как облака сгустились, поднялась сильная буря, молнии рассекали облака, и во всех горах раздавались удары грома.

Азем в великом страхе наблюдал, что вокруг него происходило. Наконец буря стихла, и старец обратился к Азему со словами:

— Теперь пойди и взгляни на море, которое переплыть тебе казалось невозможным.

162

Азем взошел опять на вершину горы и посмотрел с любопытством на море; как велико было его удивление, когда он не увидел ни малейшего следа его, тщательно искал он признаки этого моря, которое неизмеримостью своею так его устрашило.

— Возлагай, сын мой, — сказал ему мудрец, — упование свое на Аллаха и продолжай предпринятое тобою путешествие.

Произнеся эти слова, старик скрылся из глаз Азема.

Азем пустился в путь и наконец достиг островов Ваакаль—Ваак. Дивна и очаровательна показалась ему тут природа, особенно одно дерево наподобие ивы, на котором вместо плодов висели юные девы.

При виде этого чуда Азем совершенно смутился и воскликнул:

— О Аллах! Какое чудесное видение!

Пройдя далее по острову, он сел отдохнуть под дерево; в это время подошла к нему какая-то старая женщина и, изумленная, спросила его:

— Откуда ты взялся? Имей ко мне доверие, скажи.

Азем, ободренный словами ее, рассказал историю свою и спросил, не может ли она помочь ему.

Старуха обещала сделать все зависящее от нее и, пользуясь темнотою ночи, провела его в свой дом, строго приказав не показываться, дабы не привести в возмущение всю страну и женский народ в тревогу.

Азем, обрадованный, что наконец достигает цели многотрудного своего путешествия, обещал старухе все, что она хотела, и с сердцем, исполненным надежды, благодарил Аллаха и молил исполнить его желание: соединить с супругою и детьми.

Старуха приготовила Азему ужин, который он нашел вкусным, хотя кушанья этой страны были совсем непохожими на те, к каким он привык. После этого он лег и спал со спокойным сердцем.

Когда он открыл глаза, то увидел старуху, которая сидела в ногах его постели.

— Сын мой, — сказала она ему, — я должна тебе сказать, что супруга твоя после разлуки с тобою претерпела много горя. Никто лучше меня не может дать тебе о ней сведения, потому что я была кормилицей царицы и всех ее сестер. Я часто была свидетельницей ее горького раскаяния, которое она чувствует при одной мысли, что своевольно с тобою разлучилась, и я всячески старалась уменьшить ее горе.

Услышав эти слова, Азем начал горько плакать, старуха могла утешить его только обещанием вскоре представить его царевне.

После того, как она рассказала ему все бедствия его супруги со времени ее возвращения на остров, она отправилась во дворец, где застала царицу со своими сестрами. Они совещались по поводу судьбы Аземовой супруги, которой они никак не могли простить, что она вышла замуж за человеческое существо. Их совет решил замучить ее до смерти и кровью смыть позор, причиненный ею их высокому роду.

Как только старуха вошла, царица и сестры ее почтительно встали и просили ее сесть.

— Какое вы приняли решение насчет вашей злополучной сестры? — спросила она царицу.

— Так как она, — отвечала царица, — согласилась на неравный брак, отдав руку существу, которое не принадлежит к роду духов, и это бесчестье падает на нас, то мы решили предать ее смерти.

— Смерть ее падет на вашу голову, — вскричала кормилица, — потому что нам не позволено наказывать; впрочем, я прошу у вас одной милости — позволить мне еще раз ее увидеть.

Получив на это разрешение, она тотчас пошла в темницу к несчастной царевне, которую нашла бледною и утопающей в слезах; дети ее играли подле нее, стараясь невинными забавами своими и ласками рассеять печальные мысли своей матери. Кормилица утешила ее, обещая в скором времени прекращение ее мучений и свидание с Аземом.

Оставив обрадованную этими словами царевну, старуха отправилась к Азему.

Придя домой, она рассказала ему о совещании сестер царевны и советовала ему поспешить с похищением супруги.

Азем был вне себя, когда узнал о жестокосердном обращении с его женою.

Когда наступила ночь, кормилица привела его к подножию башни, в которой была заключена царевна.

Азем провел остаток ночи в молитве и, когда увидел утреннюю зарю, надел шапку на голову и сделался для всех невидимым. Царица явилась в сопровождении множества невольниц. Она отперла двери темницы, и Азем, смешавшись с ее свитой, вошел вместе с ними, не будучи никем виден.

С трудом он удерживал чувства горести и любви, которые его одолели при входе в это печальное жилище; он прижался в угол темницы и был свидетелем того, как царица обращалась со своею сестрою.

— Остановитесь, безжалостные, страшитесь мщения небес! — вскричал Азем, который не мог долее удерживать своего гнева.

Царица, устрашенная грозным голосом, который она услышала, со страхом озиралась вокруг себя и поспешно убежала со своими невольницами. Царевна же, узнав голос своего супруга, положила обе руки на грудь свою и подняла прекрасные глаза свои к небу, чтобы возблагодарить его за неожиданную помощь.

Оставшись наедине с царевной, Азем скинул шапку и бросился в объятия супруги. Долго проливали они слезы радости, наконец, успокоившись, стали придумывать средство к побегу.

В это время застучали ключи в двери, и вошла в темницу ключница, принеся пищу. Азем едва успел надеть шапку.

Поужинав с царевною, ключница легла спать тут же, в темнице.

Азем воспользовался этим случаем, подкрался потихоньку к ней и, отцепив связку ключей, которую она носила на своем поясе, отпер осторожно двери тюрьмы и вывел поспешно жену и детей своих из этого горестного жилища. Они шли очень скоро и, хотя были обременены двумя детьми своими, продолжали путь всю ночь, так что к солнечному восходу были уже далеко от города.

Когда царица узнала о побеге сестры, то пришла в неописуемый гнев; она призвала на помощь всех знакомых ей духов, которые наперебой старались исполнить ее приказания и тотчас с многочисленным войском пустились преследовать бежавшую с твердым намерением изрубить ее в куски.

Азем, увидев бесчисленное воинство царицы, схватил свой барабан и стал бить по нему. Легионы духов покрыли равнину, в минуту построились в боевой порядок и смело двинулись против войска царицы. Начался ужасный бой, какого никто до сего дня не видывал, потому что это были не люди, а духи со всей земли, воевавшие друг против друга. Духи Аземовы одержали наконец победу, и царица со всею свитою взята была в плен.

Когда Аземова супруга увидала старшую сестру в таком унижении, то бросилась к ногам супруга и стала умолять о пощаде. Азем уверил, что совсем не думает о мщении, обошелся с царицей с почтительною вежливостью и обещал забыть все ее несправедливости, если она возвратит сестре своей любовь.

Царица Ваак-аль-Ваакская, побежденная великодушием своего неприятеля, просила искреннего прощения за все жестокости к сестре своей.

С той минуты был заключен мир. Веселые празднества сопровождали его. Наконец бывшие неприятели распростились, как истинные друзья. Азем отправился домой и при помощи шара через несколько дней был у Абд-аль-Сюллиба, у которого прожил некоторое время, подарил ему в знак благодарности шапку-невидимку, весьма заинтересовавшую старика.

По пути супруги заехали к Абд-аль-Куддусу, который принял их тоже весьма ласково и получил от Азема в подарок барабан. Простившись с ним, путешественники отправились к двум сестрам, которые, заранее узнав о приближении их, вышли навстречу; веселые празднества продолжались целый месяц.

Надобно было и им наконец расстаться. Волшебный шар был подарен сестрам.

Азем с супругою прибыл в Бальсору. Невозможно выразить радость, какую испытала мать Азема, увидев опять сына, давно уже оплакиваемого ею.

ЧЕРНАЯ МИДИЯ

В давние времена на морском берегу жила одна-одинешенька бедная старушка. Ютилась она в покосившейся хижине – такой ветхой, что казалось чудом, как она еще не рухнула. Никого на свете не было у старушки – ни детей, ни близких. Чтобы не умереть с голоду, она собирала мелкую рыбешку, выброшенную волнами не берег, и питалась ею. Но когда бушевала буря, старушка не смела и носа показать из своей хижины, не то что отправиться за рыбой. Целые дни она сидела голодная и выходила, лишь когда море утихало. Тогда она собирала много рыбок и досок, выброшенных волнами на берег.

Однажды ночью поднялась страшная буря. Хлынул дождь, море заревело, на небе засверкали молнии, громовые раскаты потрясали земли, будто наступил конец света. Старушка забилась в угол своей холодной и сырой хижины и ждала, когда уймется непогода. Вдруг налетел такой сильный порыв ветра, что чуть было не снес хижину, и тут же в дверь кто-то постучал. Старушка до смерти испугалась, но все же пошла открыть – может быть, кто-нибудь нуждается в помощи и приюте.

Открыла она дверь и видит – на пороге лежит большая черная мидия. Из узкой щели между створками льется яркий, ослепительный свет. Старушка подняла мидию, положила на стол и вернулась, чтобы закрыть дверь. Но тут послышался чей-то далекий голос:

— Не закрывай дверь, и я тебя богато вознагражу!

Старушка послушалась. В тот же миг молнии перестали бороздить небо, буря стихла, море успокоилось. А хижину наполнил такой свет, какого старушка не видывала. Этот свет шел из большой черной мидии, которая медленно раскрывалась, словно огромный черный цветок.

Когда створки раковины совсем раскрылись, старушка еле удержалась на ногах от удивления. В раковине лежала девочка с золотыми волосами и такими блестящими глазками, каких не встретишь у людей. Но вместо ножек у девочки был рыбий хвост, весь усыпанный алмазами и розовыми жемчужинами.

Старушка очень обрадовалась ребенку. Взяла корзинку, устлала ее красными лепестками герани и уложила на них маленькую гостью. Корзинку она поставила под окошком, чтобы утром первые лучи солнца озаряли ее, а днем девочка могла видеть море. После этого старушка улеглась спать, радуясь, что ее одиночеству пришел конец.

Когда она уснула, дверь распахнулась, и в хижине появилась прекрасная русалка в короне из жемчугов. Она склонилась над ребенком, нежно взяла на руки, накормила и уложила обратно. На рассвете русалка грустно посмотрела на дочку, тихонько приблизилась к постели старушки, оставила горсть белых жемчужин и промолвила чуть слышным голосом:

— Спасибо тебе, бабушка, за то, что ты укрыла мою дочку от злого волшебника, который покорил мое царство и полонил меня. Оставь ее у себя на тридцать дней и тридцать ночей, и я богато вознагражду тебя за это.

Сказав это, морская царица тотчас исчезла. Проснувшись, старушка увидела жемчужины, оставленные ночной гостьей. Впрочем, они были ей не нужны. Старушка куда более обрадовалась, подобрав на берегу вдоволь рыбы, который ей должно было хватить на много дней.

Весь день она возилась с малюткой. А когда наступила ночь, дверь хижины опять распахнулась и вошла красавица—русалка. Она накормила и приласкала ребенка, опять оставила старушке в подарок горсть белых жемчужин, а утром исчезла, словно туманная дымка над морем.

Старушка смотрела за золотоволосой девочкой целых тридцать дней и тридцать ночей. И вот наступила последняя ночь. Старушка не ложилась спать – ждала русалку. Ровно в полночь дверь скрипнула и прекрасная морская царевна в жемчужной короне вошла в хижину.

— Я пришла за своей дочерью, — сказала она. – Твоя доброта победила злого волшебника. Если бы ты не взяла к себе черную мидию и не оставила дверь открытой, мы никогда не избавились бы от него. За это я богато вознагражду тебя, бабушка!

Царица протянула старушке свою жемчужную корону.

Та от всего сердца поблагодарила за царский подарок и добавила:

— Возьми свои жемчуга, красавица. Они не нужны мне. Если же ты хочешь доставить мне радость, позволь время от времени видеть твою золотоволосую девочку.

Морская царица улыбнулась, кивнула старушке и перед восходом солнца исчезла вместе с дочерью.

С того дня старушка каждое утро находила не берегу в изобилии пищу

А когда море становилось гладким, как стекло, она вглядывалась в прозрачные воды и видела золотоволосую девочку с чудными глазками и усыпанным алмазами и жемчугом хвостом. Тогда старушка говорила:

— Какой прекрасный нынче день!

СПИСОК

Али-Баба и сорок разбойников ……………………… 1

Алладин и волшебная лампа …………………… 16

Бедуин и араб ……………………… 38

Волк, лиса и собака …………………… 39

Волшебная коробочка …………………… 40

Заяц, который победил кита и слона ………… 44

Злой волшебник ……………………… 46

Как лиса перехитрила льва ………………… 51

Кошка и мышь …………………… 52

Кто сильнее ……………………… 53

Ленивый мастер …………………… 54

Нищий и счастье …………………… 54

Приключения Синдбада-Морехода ………… 56

Проницательность бедуина ………………… 66

Сам себя перехитрил …………………… 68

Сказка о волшебном коне ………………… 68

Сказка о Джаударе и его братьях ………… 77

Сказка о коне из чёрного дерева ………… 86

Сказка о нечестном Хаббе ………………… 95

Сказка о самом жадном человеке ………… 96

Сказка о рыбаке ……………………… 97

Сказка об Абдаллахе земном и об Абдаллахе морском ………… 112

Сказка об Абу-Кире и Абу-Сире ………… 120

Сказка об одноглазом царевиче ………… 129

Сказка об умном враче …………………… 139

Умный Мухаммед ……………………… 140

Халиф и три мудреца …………………… 145

Хитрый продавец ……………………… 150

Хлеб и золото ……………………… 151

Царица духов и змей ………………… 152

Черная мидия ……………………… 166